切り紙で作る

かわいい食べ物

イワミ＊カイ

野菜、お菓子からフライパンまで、
かわいい食べ物モチーフを収録！

目次

おいしいカタチを
楽しく切り紙に

季節のフルーツにお楽しみのおやつ、お気に入りのハンバーガーなど、毎日目にする身近な食べ物をかわいい切り紙にしてみませんか？

いつも食卓で見ている食材も、切ってみると思いがけない形だったり、意外に複雑だったりと、発見もいろいろ。苦手なものだって、きれいな線やおもしろい表情を再発見できるかもしれません。

ご用意したモチーフは全 116 品目。

やさしくてかわいらしい食べ物切り絵の世界をたっぷり味わってみてください。

イワミ＊カイ

デコレーションケーキ
作り方のポイントは50ページ

食べ物の切り紙をつくるには

この本でご紹介している作品は、すべて和紙折り紙を使っています。必要な道具も身近にあるものばかり。はじめての人も、子供たちも、気軽につくってみてください。

必要な材料と道具はこれだけ

身のまわりにあるものや文具店、手芸店などで揃う材料と道具が中心です。全部揃わなくても、手に入るものではじめてみましょう。

1— 紙

この本の作品はすべて和紙折り紙を使っています。もちろん、切りやすければどんな紙でもかまいません。

2—トレーシングペーパー

型紙を写しとるために使います。

3—えんぴつ

型紙を写し、折り紙に転写するために使います。ＨＢかＢくらいの薄すぎないものがおすすめです。

4— ボールペン（赤）

中心に線を引いたり、型紙の線をなぞって折り紙に写すために使います。黒以外の色が使いやすいでしょう。

5—セロハンテープ

折り紙を折って切る時に、ずれないよう固定するために使います。

6—定規

半分に折って切る図案の中心線を引く時に使います。

7—はさみ

はさみは、使いやすいものを選びましょう。小さな子には、先の鋭くないものを選んであげてください。

8—カッター

部分的にカッターを使う作品や、ほとんどカッターで仕上げるものもあります。刃先の細いデザインカッターが使いやすいでしょう。子供とつくる時は、必ず大人が見守るか、代わりに切ってあげましょう。

9—カッティングボード

カッターを使う時に必要です。紙ごとまわして使える小さめのサイズがおすすめです。

10— 穴あけパンチ

ハト目抜きとも呼ばれる、革細工用の穴をあける道具です。いちごの種など、小さな穴を開けたい時にあると便利です。必ず古雑誌や重ねた古新聞を敷いて使いましょう。手元にない場合は、カッターかキリを使います。

1
9
CUTTING MAT
約22.5×15cm
8
4
6
3
5
10
7
2

切ってみましょう

この本の作品のつくり方には3つのタイプがあります。

❶ 半分に折ってはさみで切る
——子供にもつくりやすい、最もかんたんなタイプです。

❷ はさみとカッターで切る
——くり抜く部分に折り山からはさみを入れられない場合など、一部にカッターを使う切り方です。

❸ 主にカッターで切る
——左右対称でない作品は、りんかく以外はすべてカッターで切ります。

切る時は、ここに注意

- ●はさみを使う時は、はさみではなく紙を切りやすい向きにまわしながら切っていきます。
- ●カッターを使う時は、カッティングボードごと切りやすい角度にまわして切りましょう。
- ●子供がカッターを使う作品をつくる場合は、必ず大人が見守ってください。小さな子の場合は、大人が代わってあげましょう。
- ●カッターの刃を動かす方向に決して指を置かないよう、くれぐれもご注意ください。

❶ 半分に折ってはさみで切る

はさみだけでできる、たまねぎ（69ページ）を切ってみましょう。

1 まず巻末の型紙をコピーしたもの、トレーシングペーパー、ボールペンとえんぴつを用意します。

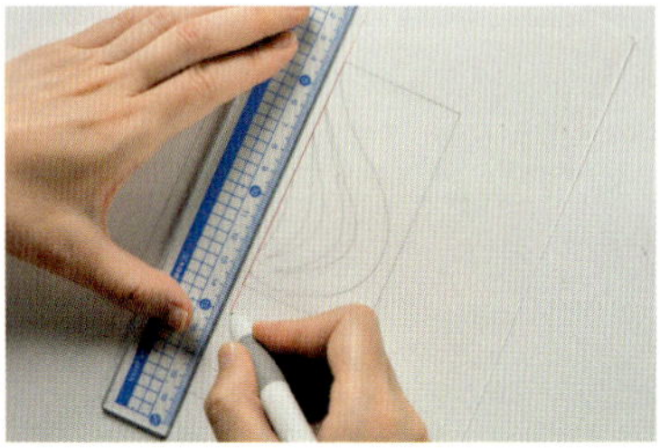

2 型紙コピーの上にトレーシングペーパーをのせ、図案の中心線を赤いボールペンで引きます。

3 えんぴつでトレーシングペーパーに型紙の線を写します。

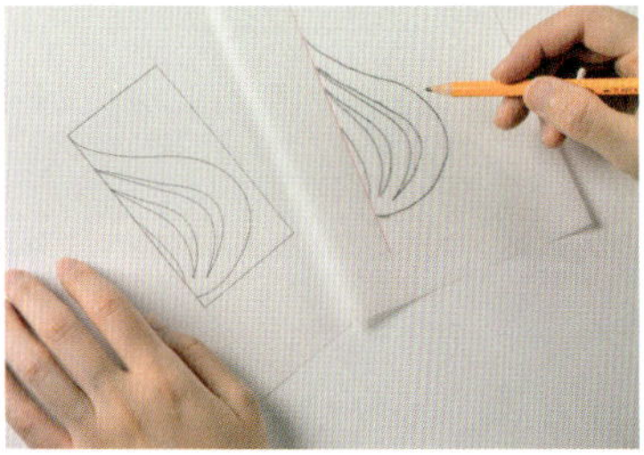

4 型紙を写し終えました。

5 折り紙を半分に折ります。裏が白い折り紙の場合は、白い方が外側になるよう折ります。

6 トレーシングペーパーを裏返して、折り紙の折り山に赤いボールペンの線を合わせます。

7 トレーシングペーパーの裏からえんぴつの線をボールペンでなぞり、折り紙に写しとります。

8 なぞり終えました。折り紙に写った線が薄い部分は、えんぴつで直接なぞります。

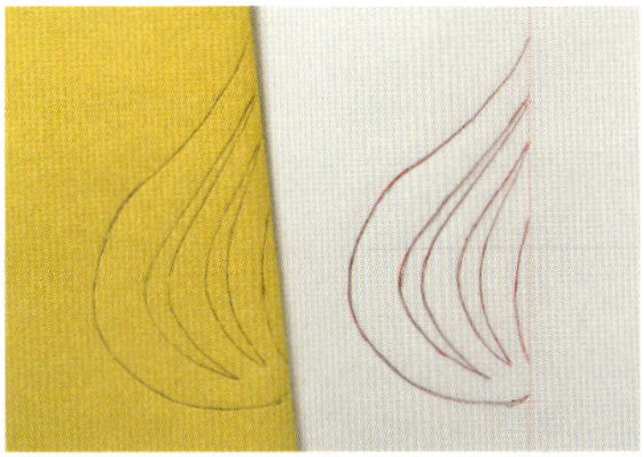

9 折り紙にえんぴつの線が写しとれました。

10 切っている間にずれないよう、半分に折った状態の折り紙を、セロハンテープで2カ所ほど留め合わせます。

11 えんぴつの線にそって、中心に近い方から切ってゆきます。いつも切りやすい向きになるよう紙をまわしながら切りましょう。

12 層を表す内側の細かい部分を切り終わりました。

13 最後にいちばん外側のりんかく線に沿って切り取ります。

14 破れないようそっと開くと…。

15 たまねぎのできあがりです。

❷ はさみとカッターで切る

もも（19ページ）のつくり方です。半分に折ってはさみで切る工程に加え、左右対称でない部分とくり抜き部分にカッターを使います。

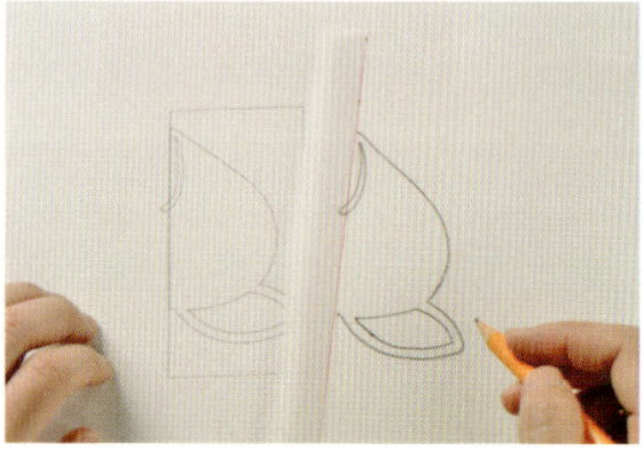

1 トレーシングペーパーに型紙を写します。中心の線は、赤いボールペンで長めに引いておきます。

2 折り紙を半分に折り、もう一度開きます。

3 トレーシングペーパーを裏返し、中心の赤い線を折り紙の折り目に合わせて、えんぴつの線を裏からボールペンでなぞります。

4 折り紙に写しとったら、ももの「くぼみ」を表すまん中の部分をカッターで切り抜きます。カッティングボードごと紙をまわしながら、切りやすい向きにして切りましょう。

5 再び半分に折って、紙の重なりがずれないよう、上下２カ所をセロハンテープで固定し…。

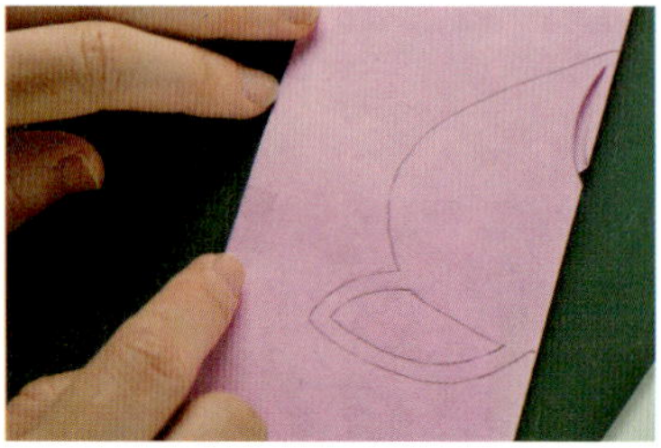

6 折り山の反対側ももう１カ所、セロハンテープで留めます。

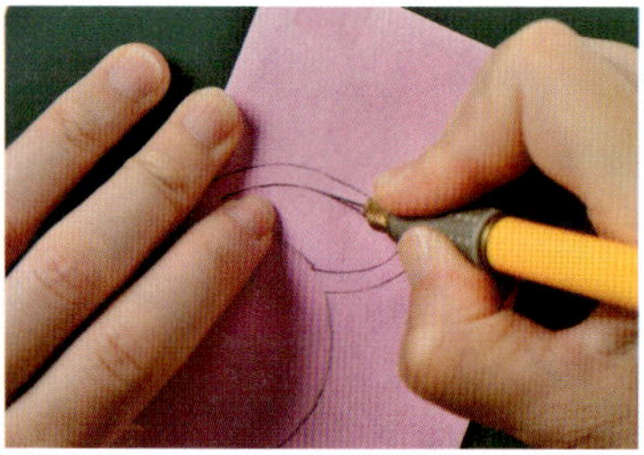

7 葉の部分は、折り山からはさみを入れて切ることができないので、半分に折ったままカッターで切り抜きます。

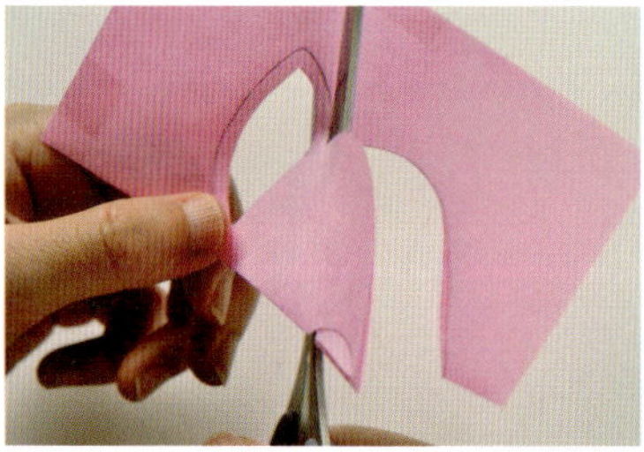

8 最後にりんかくに沿ってはさみで切りとり…

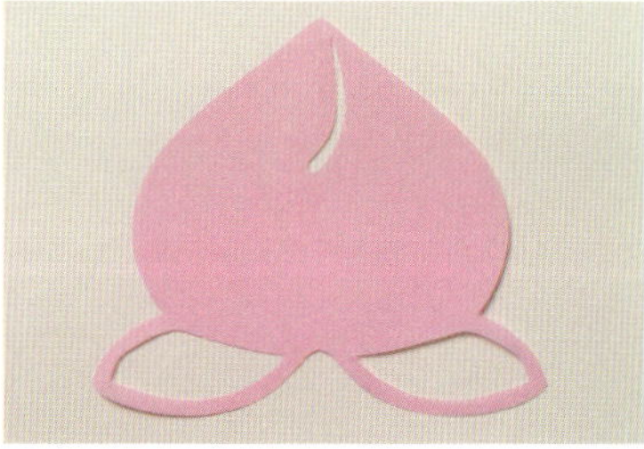

9 もものできあがりです。

③ 主にカッターで切る

チーズケーキ（45ページ）のように、図案全体が左右対称でないものは、カッターを使う部分が多くなります。

1 コピーした型紙をトレーシングペーパーに写します。

2 トレーシングペーパーを裏返して折り紙にのせ、赤いボールペンでえんぴつ線をなぞります。トレーシングペーパーがずれないように指で押さえることが大切ですが、小さな子など、押さえるのが難しい場合はセロハンテープで留めましょう。

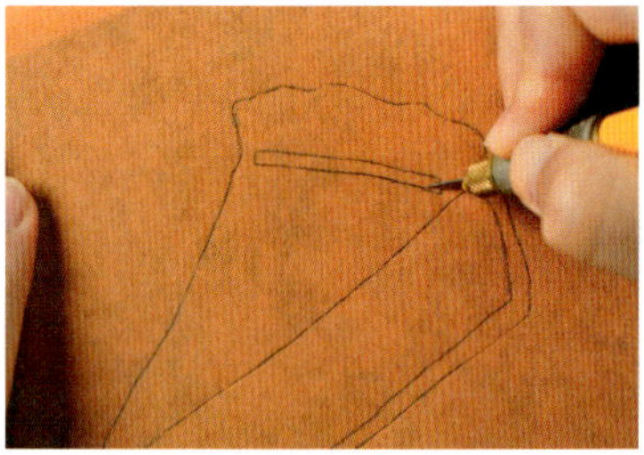

3 細かい部分を先に、写した線にそってカッターで切ってゆきます。

4 一度で切れなかった部分は、無理に引っぱらず、再度刃を入れて切ります。切り口のケバケバなども、ていねいにとります。

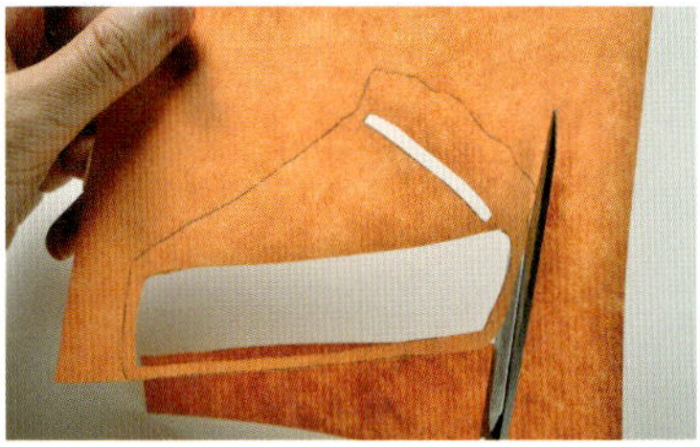

5 ケーキの断面を表す大きな部分を切り抜いた後、外側のりんかくをはさみで切ります。

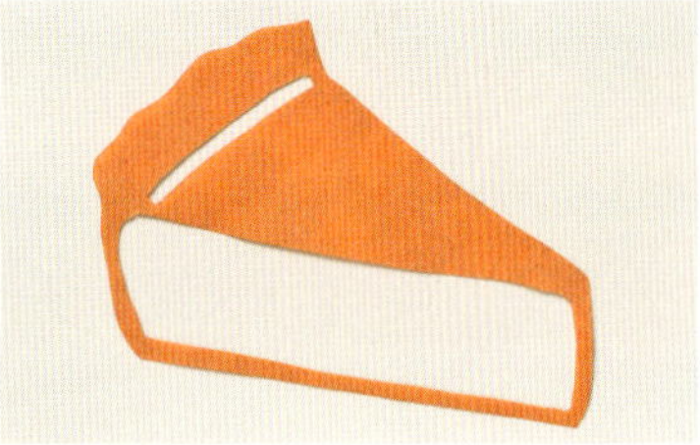

6 焼きたてチーズケーキのできあがり！この本では、えんぴつの線が見えない側を「表」としています。

この本の見方

本書では、各作品ごとに切り方のポイントをご紹介しています。右のマークも合わせて、参考にしてください。

つくりやすさの目安

★ **とってもかんたん**　はさみだけでできるシンプルな作品が中心です。

★★ **ちょっと大変**　カッターを使う部分があったり、やや複雑な形のものです。

★★★ **がんばって！**　複雑な形や細かい部分が多く、カッターを多く使う作品が中心ですが、がんばれば、できばえは相当のもの。

カッターマーク

カッター使用

カッターを使う作品には、このマークが付いています。小さな子とつくる時など、はさみだけ使いたい場合にも参考にしてください。

Fruits

フルーツ

みずみずしい色と香りで季節をいろどる果物は、いちばんに切り紙にしてみたいモチーフ。半分に折ってつくれる形が多いのもうれしいですね。カラフルな折り紙でフルーツ盛り合わせをどうぞ。

かんたんなもの、少し大変なもの、がんばって挑戦したいものなど、作りやすさもいろいろ。大好物なら、ちょっと難しくてもきっと楽しく切れるはずです！

ちいさな1粒に春の香りがキュッ

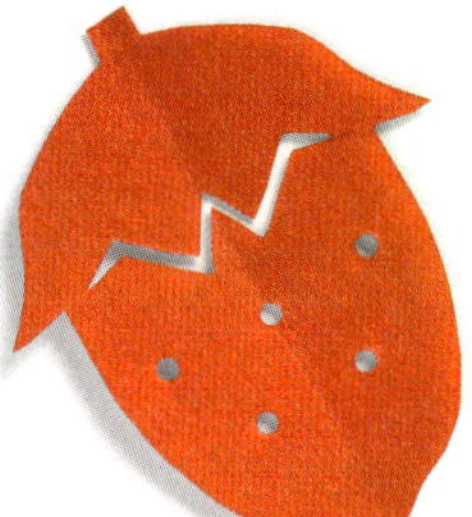

いちご

種のつぶつぶ部分の穴を開ける
「穴あけパンチ（ハト目抜き）」
があれば、かんたん！
ぜひきれいな赤い紙でどうぞ。

★
半分に折り、はさみで切る。
穴は、穴あけパンチか
キリを使用

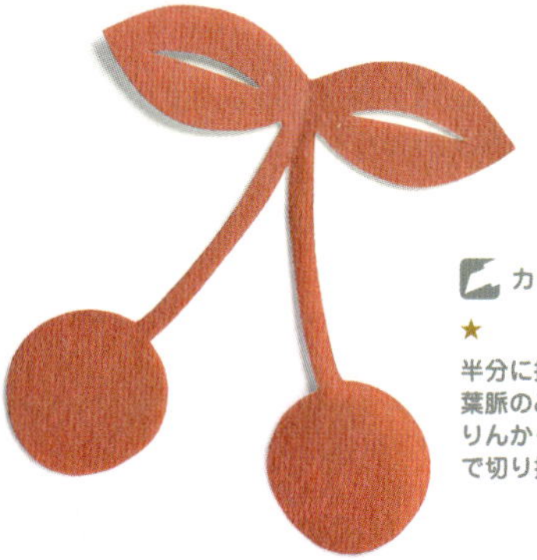

カッター使用

★
半分に折り、
葉脈のみカッター。
りんかくは、はさみ
で切り抜く

さくらんぼ

シンプルなのにかわいい、さくらんぼ。
葉のまん中の葉脈部分だけ、カッターで
切って表現します。

 型紙は119ページ

初夏の陽射しをキラキラ受けて、
甘ずっぱくて、かわいくて、宝石みたい！

バナナ

主にカッターで切るタイプですが、
カッターを使うのは、実と実の間を表す線だけ。
後ははさみでかんたんに、バナナのできあがり！

カッター使用
★
実の間のみカッター

 型紙は119ページ

パイナップル

イガイガ模様が難しそうに見えますが、
じつははさみだけでOK。
ただし細かい線が多いので、
ちょっとだけ大変です。

★★
半分に折り、
はさみで切る

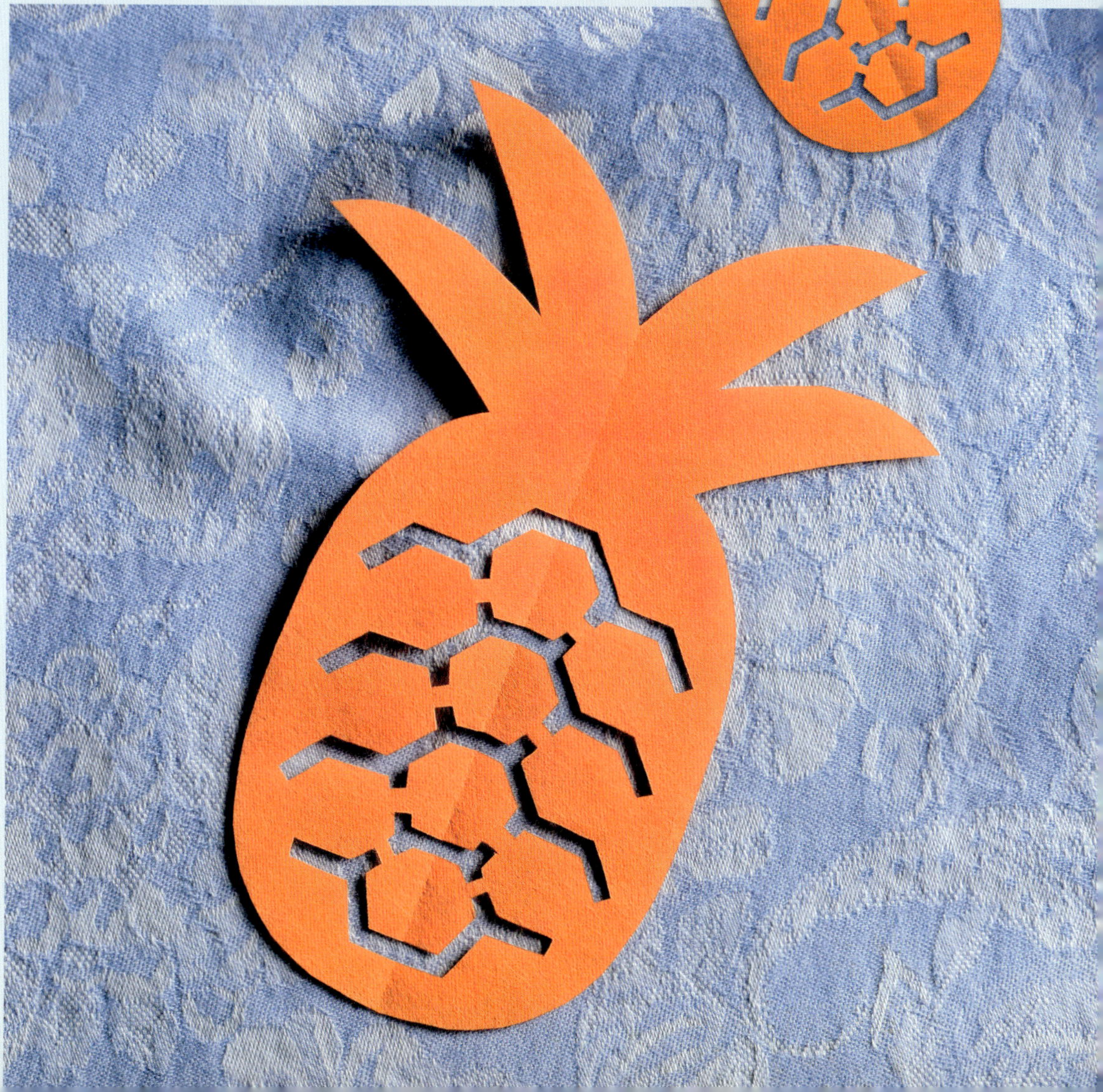

きれいな網目は
おいしさの証しなのです

メロン

はさみを入れられない部分は、
すべてカッターで切り抜きます。大変ですが、
できあがりはきっと満足できるはずです。

カッター使用

★★★

中心部の網目とりんかく
ははさみ、他はすべて
カッターを使用

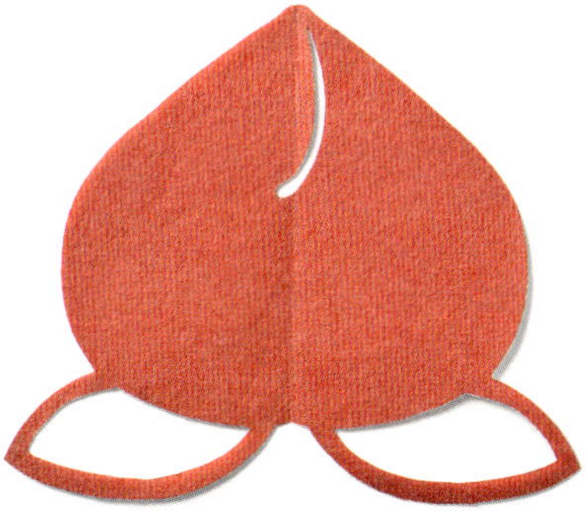

もも

中心のくぼみを表す線と葉はカッターで。
カッターを２カ所使いますが、シンプル
なので大丈夫！　10ページもご覧ください。

カッター使用

★

中心部分の線は紙を開いてカッターを使用。
半分折りで葉の部分はカッター、
りんかくははさみを使用

型紙は120ページ

すいか

切り紙のすいかなら、
まるごとだって、かわいいサイズ

カットすいかは、
種のツブツブがポイントですが、
じつはこれががんばりどころ。
カッターを細かく使って
丁寧に切りましょう。

カッター使用
★★★
種と皮の線はカッター、
りんかくは、はさみを使用

まるごとのすいかは、
ジグザクのシマ模様がポイント。
ゆるやかな曲線なので、
カッターも使いやすいはずです。

カッター使用
★★
半分に折り、模様はカッター、
りんかくははさみを使用

型紙は120ページ

 型紙は121ページ

みかん

星の形のヘタと、
ぽってりとした丸みが
特徴のみかん。
皮のブツブツに、
穴あけパンチを使えば
とってもかんたんです。

★
半分に折り、はさみで切る。
穴は、穴あけパンチかキリを使用

果汁たっぷりのオレンジは、太陽からの贈り物

オレンジと グレープフルーツ

折り紙を八つ折りにして切るので、
何枚も重なった紙を切るのが
少し大変かもしれません。
実と皮のつなぎ目を
切り落とさないよう慎重に。

★★
八つに折り、
はさみで切る

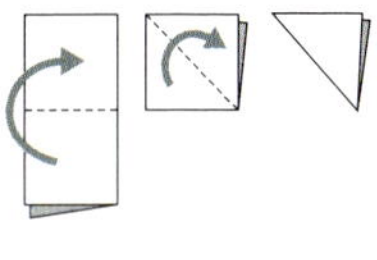

型紙は119ページ

レモン

★
半分に折り、はさみで切る。
穴は、穴あけパンチかキリを使用

半分折りでりんかくを切り、穴あけパンチで
穴を開けるだけ。かんたんなのに、
とってもレモンらしいから不思議です！

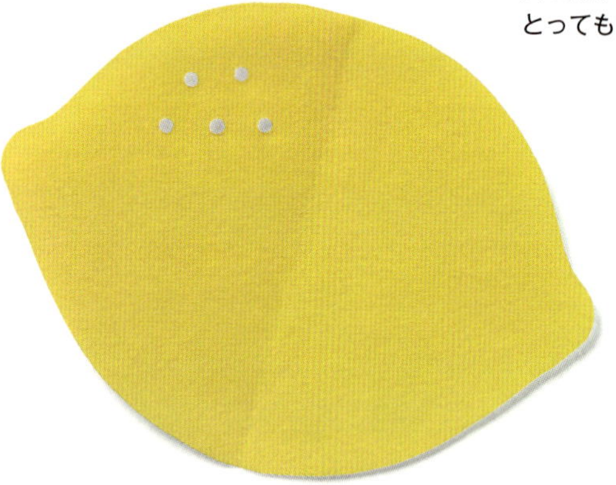

半分にカットしたレモンは、果肉の部分に
カッターを使います。皮との境目の細い線は、
カッターの方が切りやすいかもしれません。

カッター使用

★★
半分に折り、カッターとはさみで切る。
穴は、穴あけパンチかキリを使用

型紙は121ページ

すぅ〜っとさわやかな
レモンの香りを感じるような…

赤紫に色づいた甘～い巨峰がたわわに実りました！

ぶどう

一見難しそうですが、カッターを使うのは
半分折りではさみの入らない２カ所だけ。
果汁たっぷりの巨峰ができます！

カッター使用

★★
半分に折り、カッターと
はさみで切る

洋なし

ぽってりとしたシルエットがかわいい洋なし。
はさみだけでかんたんに切れるので、
小さな子供さんにもぜひおすすめです！

★
半分に折り、
はさみで切る

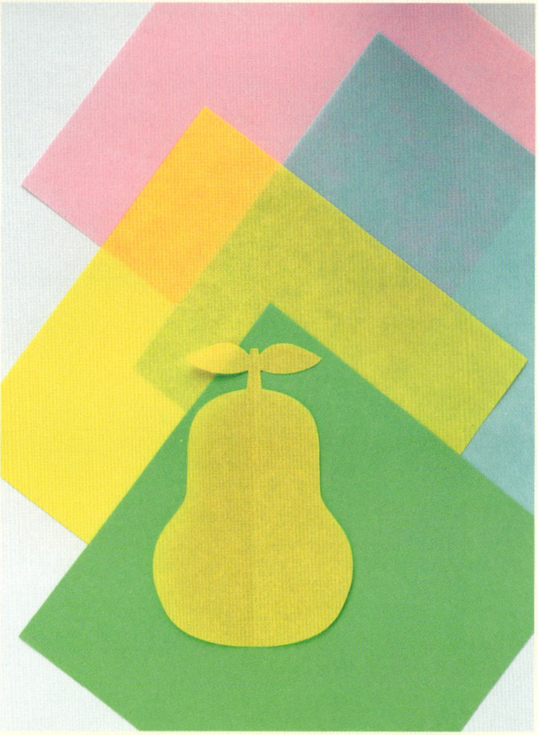

型紙は121ページ

びわ

しずく型が特徴のびわは、おしりのくぼみもポイント。少し細かいので丁寧に切りましょう。

★
半分に折り、
はさみで切る

くり

とんがり頭にちょこんと生えた毛（？）がチャームポイントのくり坊や。うっかり切り落とさないようにご注意を。

★
半分に折り、
はさみで切る

りんご

緑の紙で切ればさわやかな青りんご。葉っぱは、お好みで片方を切り落としても違った表情が楽しめます。

★
半分に折り、
はさみで切る

型紙は120、122ページ

秋から冬の人気ものが集合！
いちばん好きなのはどれかな？

Sweets
洋菓子

サクサクのクッキーにふわふわのケーキ。みんなの大好きなスイーツは、色も形も文句なしにチャーミングです。甘い香りがただよってくるような切り紙で、おやつの時間を彩ってみませんか？

切り紙なら、デコレーションケーキもひとりじめできる!?　はさみとカッターの使い方に慣れてきたら、ぜひ挑戦してみてください。つくり方のポイントは50ページ

ピンク色の紙ならいちご味になるね

ロールケーキ

緑の紙で抹茶味、茶色ならココア風味に。
うずまき部分はカッターで、
紙をまわしながら、
落ち着いて丁寧に切りましょう。

カッター使用

★★

りんかくは、はさみで切る

プレッツェル

ハートのような結び目のような独特の形は、
半分折りで切るのにぴったり。
中央の穴ははさみ、
左右の穴はカッターを使います。

カッター使用

★★

半分に折り、左右の穴はカッター、
中央の穴は、はさみを使用

型紙は122ページ

チェッカー
クッキー

市松模様はほとんど直線なので、
カッターでも比較的かんたんです。
角とふちの細い線は丁寧に切りましょう。

カッター使用

★

内側はすべてカッターで
切り、りんかくのみ、は
さみを使用

うずまき
クッキー

曲線と細い線が少し大変ですが、
ちょっとくらいいびつになっても大丈夫。
むしろ手づくりクッキーらしい
味わいになりますよ。

カッター使用

★★

内側はすべてカッターで
切り、りんかくのみ、は
さみを使用

型紙は122ページ

たくさん切って、
クッキーの詰め合わせはいかが？

はさみでチョキチョキ
揚げたてドーナッツのできあがり！

ドーナッツ

チョコクリームのとろけるような曲線がポイント。
トッピングの穴はカッターで
切るので、少しだけがんばりが必要です。

カッター使用

★★
半分に折り、はさみで切る。
小さな穴は、カッターを使用

こちらのタイプはとってもかんたん！
丸と丸がつながる部分は、紙の向きを変えて、
はさみを入れなおすときれいに切れます。

★
四つ折りにして、
はさみで切る

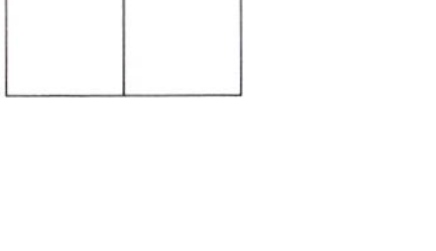

型紙は123ページ

チョコ好きさんにプレゼントしようかな

キャンディ

ラッピングのきゅっと絞った部分だけ、
カッターを使います。赤やピンク、
模様入りの紙を使ってもかわいくなりそう！

カッター使用

★

半分に折り、はさみで切る。
小さな穴のみ、カッターを使用

チョコレート

上下の「粒」以外は、はさみでも切れますが、
カッターの方がきれいな線に仕上がるでしょう。
ちょっと大変ですが、がんばってみてください！

カッター使用

★★

半分に折り、カッター
を使用

型紙は123ページ

サクサクに焼けるよう
たくさん穴をあけてます

ビスケット

四つ折りにして切ります。
折った状態でまわりの穴を
切るのが難しければ、
開いてから切ってもOKです。

カッター使用

★★

四つ折りにして、周囲の穴は
カッターで切り抜き、
中央の穴は、穴あけパンチ、
りんかくは、はさみを使用

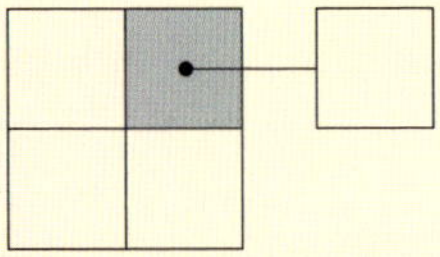

プリン

紙はぜひおいしそうなカラメルの茶色で。
黄色い紙の上に重ねれば、
卵たっぷりのプリンになります。

★

半分に折り、
はさみで切る

 型紙は123～124ページ

大変だけど、ウエハースとチェリーは
ぜったいにゆずれません！

クリームパフェ

ウエハースと器の細い線、
アイスクリームの曲線はカッターで慎重に。
さくらんぼの柄も切り落とさないよう、
気をつけて切りましょう。

カッター使用

★★

折らずに、カッターで切る。
りんかくのみ、はさみを使用

チーズケーキ

カッターを使いますが、
縁の細い線さえ注意すれば、
とってもかんたん！
11ページの解説も、ぜひご覧ください。

カッター使用

★

折らずに、カッターで切る。
りんかくのみ、はさみを使用

型紙は124ページ

アイスクリーム

コーンの模様は細かいので慎重に、
先にカッターで切ってから、半分に折ります。
下のアイスがちぎれないよう気をつけて。

カッター使用

★

コーンの模様は、カッターで
切り抜き、他は半分に折り、
はさみで切る

ソフトクリーム

くるくるとうずを描くクリーム部分の
カッター使いが、がんばりどころ。
できあがりは、クリームたっぷりの
絶品ソフトになりますよ。

カッター使用

★★

折らずに、カッターで切る。
りんかくのみ、はさみを使用

好みの色で、オリジナルフレーバーをつくるのも楽しいね

型紙は123～124ページ

今度の週末はホンモノを焼こうかな…

ホットケーキ

３段重ねにバターまで乗って、
複雑そうに見えますが、
はさみだけでできます。
バター部分の細い線にはご注意を。

★
半分に折り、
はさみで切る

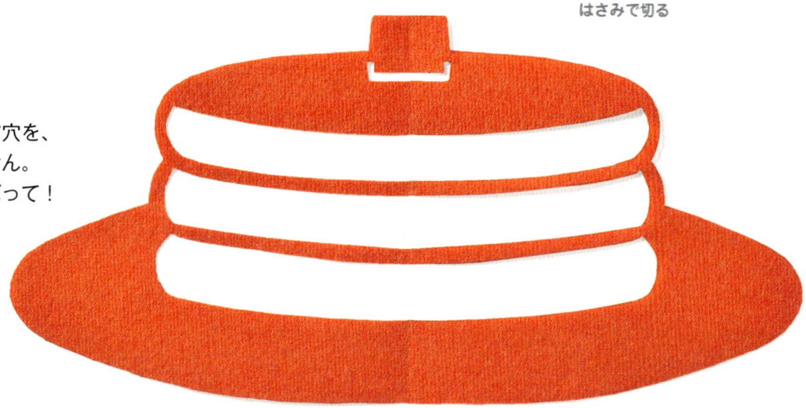

カップケーキ

レーズン、はたまたナッツをあらわす穴を、
カッターで切るのが大変かもしれません。
おいしく見えるポイントなのでがんばって！

カッター使用

★★★
半分に折り、カッターで穴を丸く切る。
他は、はさみを使用

型紙は125ページ

ショートケーキ

いちごのつぶつぶは穴あけパンチ。
りんかく以外はすべてカッターという
中級レベルの作品ですが、
大好物ならぜひトライして！

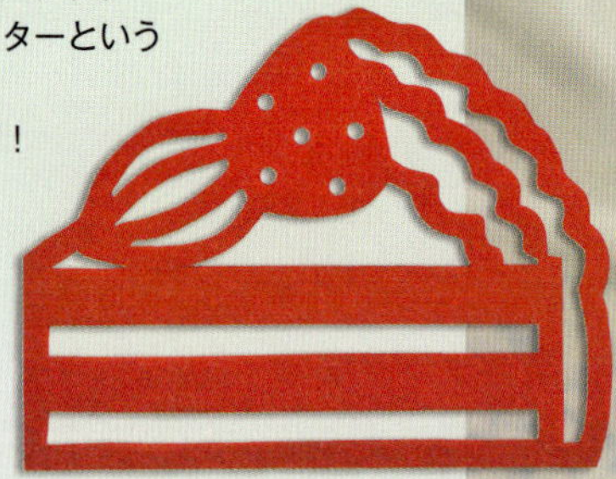

カッター使用

★★★

折らずにカッターで切る。
穴は、穴あけパンチ、
りんかくは、はさみを使用

デコレーションケーキ

本書の中でも最高レベルの手ごわい作品。
でも、完成すればきっと
プレゼントしたくなるほどの
できばえになるはずです！

カッター使用

★★★

半分に折り、折り線からは
さみの入らない部分はカッ
ターを、いちごの穴は、穴
あけパンチ、りんかくは、
はさみを使用

型紙は125ページ

Fast-Food

ファーストフード

ハンバーガー屋さんやコンビニ、デリバリーでおなじみ。子供だけでなく、大人だって大好きな、かんたん外食メニューです。

ドリンク

シェイクかジュースかコーヒーかはお好み次第。ストロー部分は、切って開いてから、一方を切り落とします。

★
半分に折り、はさみで切る

★
半分に折り、はさみで切る。穴は、穴あけパンチかキリを使用

ハンバーガー

ボリュームたっぷりで難しそうに見えますが、意外にかんたん。トッピングのゴマだけは穴あけパンチを使います。

ボトルウォーター

ファーストフードのおともに、つい欲しくなるペットボトルの水やお茶。りんかくのきれいな曲線がポイントです。

★
半分に折り、はさみで切る

フライドポテト

揚げたてアツアツのポテトをたっぷり！ポテト部分は、すべてカッターで切るので、やや手ごわいかもしれません。

カッター使用
★★
半分に折り、ポテト部分はカッターを、他は、はさみを使用

型紙は126ページ

 型紙は126～127ページ

★
半分に折り、
はさみで切る

肉まん

コンビニフードの代表選手、
肉まんはてっぺんのひだがチャームポイト。
黄色の紙ならカレーまんになりますね。

えび天

立ち食いそばやコンビニで買えるえび天は、
日本生まれのファーストフード。
サクサクの衣の形がポイントです。

★
半分に折り、
はさみで切る

★
半分に折り、
はさみで切る

チキンフライ

骨付きのからあげは、
パーティで人気のメニュー。
衣の曲線は、はさみを入れ直しながら
きれいに切りましょう。

ピザ

紙はもちろん、
モッツァレラチーズの色で！
縁とたまねぎの線にはカッターを使い、
折らずにそのまま切ります。

カッター使用
★★
縁とたまねぎ部分は
カッターを、他は、
はさみを使用

Drink
飲み物

味や色に合わせて入れ物の形もいろいろ。個性ゆたかな飲み物たちが切り紙になりました。

デコボコしていたり茶色だったり、ビンの形と色だけでどんな飲み物か伝わるのがおもしろいですね。つくり方のポイントは52、58、61ページ

がんばるパパ、ママに、ビールの切り紙をプレゼント。
ほんとうは新鮮な牛乳がヘルシーなんだけどね

牛乳

こちらも大人にはなつかしいびん入り牛乳。
紙のキャップを包んだビニールカバーの
ひらひらが、かわいいアクセントです。

★
半分に折り、
はさみで切る

ラムネ

まん中に大きなビー玉が入った、
大人たちにはなつかしいラムネびん。
くびれ部分のみ、カッターを使います。

カッター使用

★
半分に折り、カッター
とはさみで切る

ジュース

キューブアイスが涼しげなジュースは、
折らずにカッターを使いますが、
四角を４つ切るだけなのでかんたん！

カッター使用

★
内側はカッター、
りんかくは、はさみを使用

型紙は127～128ページ

シュワーと泡だつジョッキと、
氷がカラコロ涼しげなグラス。
夏の音が聞こえてくるみたい

ジョッキビールのつくり方のポイントは61ページをご覧ください。

誰とどこで飲むのかな。シンプルだけど、
これだけは大人限定のモチーフです

ジョッキビール

生ビール党ならだんぜんこちら。
フワフワの泡と取っ手のカーブを
うまく切れれば成功です。

カッター使用

★

半分に折り、取っ手の内側はカッター、他の部分は、はさみを使用。開いてから片方の取っ手を切り取る

びんビール

パパやママの大好物？
紙の色はもちろん茶色。
大人の飲み物だけど、
つくり方は子供にもかんたんです！

★

半分に折り、
はさみで切る

ドライマティーニ

グラスの底に
沈んでいるのはオリーブの実。
カクテルグラスの美しいラインを
シンプルな線で楽しみましょう。

カッター使用

★

オリーブを先にカッターで
切ってから、半分に折り、
はさみで切る

型紙は128ページ

Vegetables

野菜

ビタミンたっぷり、食物繊維もしっかり。そして色も形もそれぞれに個性的。好き嫌いの多い誰かさんも、切り紙にすれば、ちょっとだけ親しみが持てるようになるかもしれませんね。

野菜もフルーツに負けずおとらずバリエーションゆたか。半分折りでつくることができるモチーフもたくさんあります。つくり方のポイントは66～67ページ、74ページ

葉っぱを食べるもの、根っこがおいしいもの、
そしてもちろん実のなるもの。
さまざまな植物のいろいろな部分が
食べ物になること、切ってみてナットクです。

冬の葉もの野菜といえば、白菜。今夜はお鍋かな？　つくり方のポイントは67ページ

寒いの大好きな白菜は、霜にあたると
おいしくなるんだって！

おひたしより、おしゃれな
キッシュになってみたい
…と、ほうれん草のひとりごと

グリーンのほうれん草を紫で。自由に色を変えられるのも切り紙の楽しみです。つくり方のポイントは66ページ

トントントン…と、千切りの音が聞こえてきそう。つくり方のポイントは66ページ

キャベツ

葉と葉脈の細い線はすべてカッターで。
葉脈は、枝分かれした先の方から中央の筋に向かって切り、後からまん中の筋を切ると、きれいに仕上がります。

カッター使用

★★

内側はカッターを、りんかくは、はさみを使用

ほうれんそう

濃いグリーンの紙を使えば、
さらにほうれん草らしく。
波形の曲線は、カッターで切ります。

カッター使用

★

半分に折り、内側はカッターを、りんかくは、はさみを使用

白菜

まん中の葉脈ははさみでＯＫですが、
先端を長く切りすぎて、
ちぎれてしまわないよう要注意。

カッター使用

★★

半分に折り、左右の
葉はカッターを、
他は、はさみを使用

大根

「青首」と呼ばれる甘い大根は、
首のあたりがこんなきれいな
緑色をしています。
葉の部分が少し複雑ですが、
はさみで切ることができます。

★★

半分に折り、
はさみで切る

型紙は129ページ

カッター使用

★

折らずに、内側はカッターを、りんかくは、はさみを使用

カッター使用

★★

折らずに、内側はカッターを、りんかくは、はさみを使用

しいたけ

傘の裏側の「ひだ」を表す線が、
少しだけ大変かもしれません。
角の部分は何度か刃を入れ直して慎重に。

たけのこ

皮の間の細い線は、カッターを使います。
急がずに、細い側からスーッとなめらかに
刃先を動かしましょう。

しそ

ギザギザの葉の形がしその特徴。一度で
切ろうとせず、はさみを何度も入れ直し
て。紙の角度を変えながら切りましょう。

カッター使用

★★

半分に折り、内側はカッターを、りんかくは、はさみを使用

たまねぎ

何層にもなった形は難しそうに見えますが、
半分に折ってはさみを入れることができます。
8～9ページのくわしい解説もご覧ください。

★
半分に折り、
はさみで切る

かぶ

ぽってりとしたハート形がかわいい、
冬の旬野菜。
葉を落としたシンプルな図案なので、
はさみだけでかんたんにつくれます。

★
半分に折り、
はさみで切る

かぶとたまねぎ、どっちもそのままだと辛いのに、
シチューに入るとほんのり甘く変身します

葉っぱもおいしくいただきます！

冬野菜の代表選手といえば、やっぱり大根。青首大根なら、おろしにしても辛すぎないので子供たちにうれしいですね。つくり方のポイントは67ページ

春を感じる野菜なら、たけのこ！　季節のお便りに1枚、たけのこ切り紙をしのばせるのも粋ですね。つくり方のポイントは68ページ

ぜんぶ名前を言えるかな？　親子で遊びながら、お勉強にもなりそうです。
つくり方のポイントは68～69ページ

小さなつぶつぶが色づいたら夏！
きれいな黄色で切りましょう。つくり方のポイントは74ページ

はちきれそうに実ったトウモロコシの
輝く黄色は、夏の色

ほんのり甘い香りは、冬の匂いだね

かぼちゃの旬は、まさにハロウィーンの頃から。ほっこり炊いて、煮物やサラダ、グラタンにも。つくり方のポイントは74ページ

かぼちゃ

くぼみを表す部分は、細いカーブを
カッターで切ります。つなぎめが
ちぎれないよう、慎重に切りましょう。

カッター使用

★★

半分に折り、縦の線
のみカッターを、
他は、はさみを使用

とうもろこし

つぶつぶ部分も、
すべてはさみで切ることができます。
ただし、細い線が入り組んでいるので、
ちょっとがんばりが必要です。

★★

半分に折り、
はさみで切る

型紙は131ページ

さやいんげん

とってもかんたんなのに、
不思議なほどかわいいさやいんげん。
くるんとカールした
ヘタがチャームポイントです。

★
半分に折り、
はさみで切る

★
半分に折り、
はさみで切る

オクラ

切り口が星形になる、
くっきりとした角が特徴のオクラ。
切り紙でも、スーッと
まっすぐな切れ目で表現しました。

なす

ヘタの細い線だけをカッターで切れば、
後はかんたん。下ぶくれでちょっと
曲がった独特のりんかくが特徴です。

カッター使用

★
ヘタ部分は、カッターを、
りんかくは、はさみを使用

さて、このなかで「つぼみ」を
食べるのはどれでしょう？
答えは79ページ！

なすとトマトとピーマンでラタトゥイユ、ブロッコリーは天ぷらもおいしいよ…なんて会話しながら、子供たちに料理を伝授。つくり方のポイントは75、78～79ページ

鮮やかグリーン、明るい緑、
きれいな色は新鮮野菜の印です

どっちも細長いけれど、きゅうりは「なる」もの、アスパラガスは「生える」もの。シルエットにも違いが出ます。つくり方のポイントは78ページ

ブロッコリー

モコモコとしたシルエットは、
カーブのつなぎ目で
はさみを入れ直すのがコツ。
茎の間だけはカッターで切ります。

カッター使用

★
茎の間のみカッターを、りんかくは、はさみを使用

アスパラガス

ぐんぐん伸びてゆく茎を表す
「∧」の線がポイント。
少し細かい作業になりますが、
はさみだけでつくることができます。

★
半分に折り、
はさみで切る

きゅうり

穴あけパンチさえあれば、
とってもかんたん！　穴は新鮮さの証し、
イボイボを表すものなので、
忘れずに開けましょう。

★
半分に折り、はさみで切る。
穴は、穴あけパンチかキリを使用

 型紙は132ページ

つぼみを食べるのはブロッコリー、アスパラガスは茎、
ピーマンは空っぽだけど、ちゃんと種のある果実です

ピーマン

左右のくぼみの線以外ははさみで切れますが、
線が細いので慎重に。赤や黄色の紙を使って、
カラーピーマンにしても良いですね。

カッター使用

★★

左右の縦線は、カッターを、他の部分は、はさみを使用

トマト

真っ赤な紙なら、夏の陽射しをたっぷりと
浴びた完熟トマトに。型紙を小さくコピーしてミニトマトにしてもかわいいですね。

★

半分に折り、
はさみで切る

Seafood & Meat

魚介類と肉

子供たちにはきっとお肉の方が人気だけれど、海の幸こそ、日本の食卓の主役。たくさんの種類があって、いろんなおいしさがあること、教えてあげたいですね。

大海原からやってきた自然の恵みたち
きれいに骨だけ残して食べられるかな？

ひとくちに魚といってもちゃんと
種類がわかる子はどれだけいるかな？　さんまとかつお、切ってみれば形の違いがよくわかります。

切り方のポイントは90ページ

10本の足と、かっこいい三角形のヒレが自慢！

いかとたこの違いは、足の数だけじゃありません。シルエットの違いも、切り紙で納得。切り方のポイントは84ページ

昔の映画に出てくる火星人にも似ているね

どことなくユーモラスなルックスで、日本では昔から人気者。丸い頭がチャームポイントです。切り方のポイントは84ページ

いか

足は10本ありますが、
半分に折って切るので５本切ればＯＫ。
頭のヒレを表す線だけカッターを使います。

カッター使用

★
半分に折り、ヒレ部分のみカッターで切り抜く。りんかくは、はさみ、目は、穴あけパンチかキリを使用

たこ

細長く、くねくねとした足が
ちぎれないよう慎重に切りましょう。
愛きょうたっぷりの目は、穴あけパンチで。

★
半分に折り、はさみで切る。目は、穴あけパンチかキリを使用

型紙は133ページ

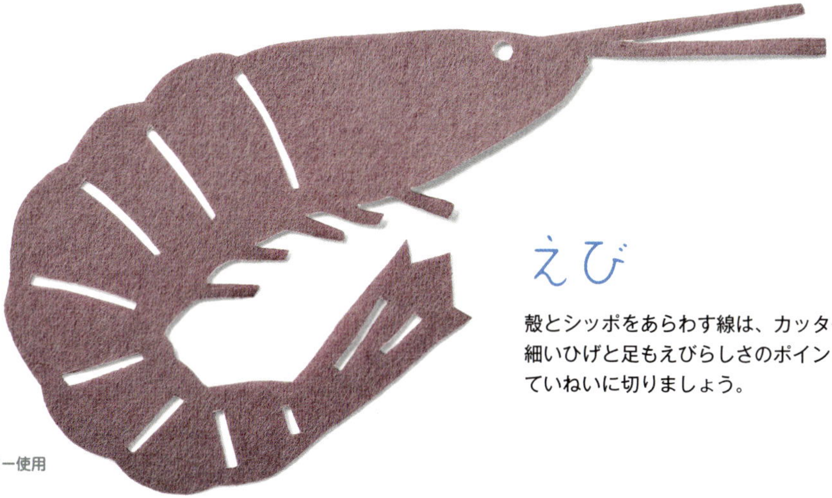

えび

殻とシッポをあらわす線は、カッターで。
細いひげと足もえびらしさのポイントなので、
ていねいに切りましょう。

カッター使用

★★

殻は、カッター、
りんかくは、はさみ、
目は、穴あけパンチか
キリを使用

タラバガニ

折れ曲がった長い足も、はさみで切る
ことができるので、難しくありません。
目とはさみ部分は切り落とさないよう、慎重に。

★

半分に折り、
はさみで切る

ひげと殻、くるんと
丸まったシルエット
もえびの特徴です。
切り方のポイントは
85ページ

えびもカニも赤くなるのはゆでてから。海の中では黒っぽい色をしています。ひらめ：切り方のポイントは88ページ、タラバガニ：切り方のポイントは85ページ、ふぐ：切り方のポイントは88ページ

カニ歩きだって、
脚長なら、なかなかの速度！

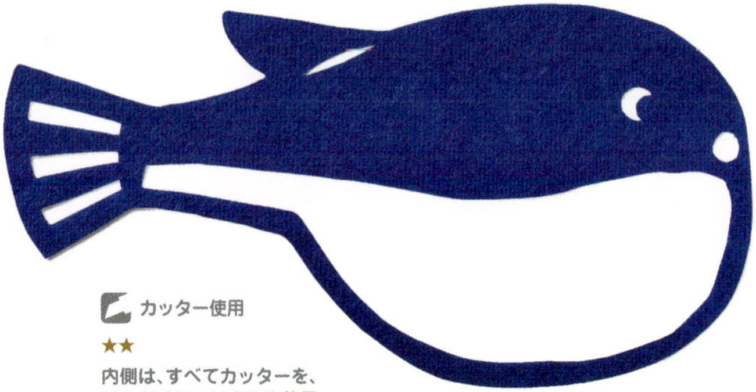

ふぐ

ぷっくりふくらんだお腹が
トレードマーク。
目と口、ひれなど、
細かいカッター使いが、
少し手ごわいかもしれません。

カッター使用

★★

内側は、すべてカッターを、
りんかくは、はさみを使用

カッター使用

★★

半分に折り、内側を
カッターで切る。
りんかくは、はさみを
使用

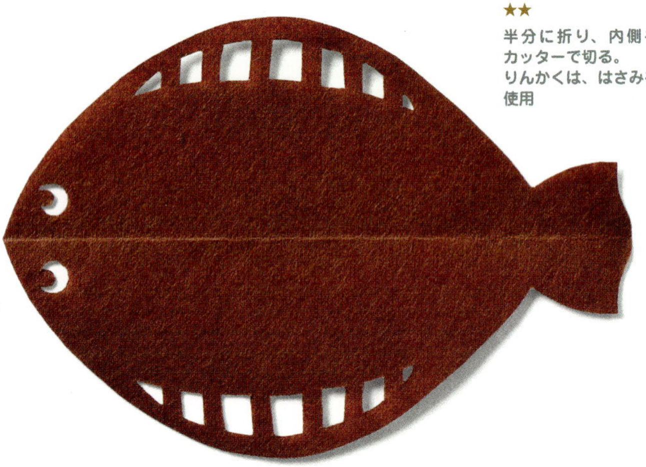

ひらめ

実際のひらめの目は、左に寄っていて、
カレイだと右に寄っているのです。
切り紙では左右対称にしてみました。

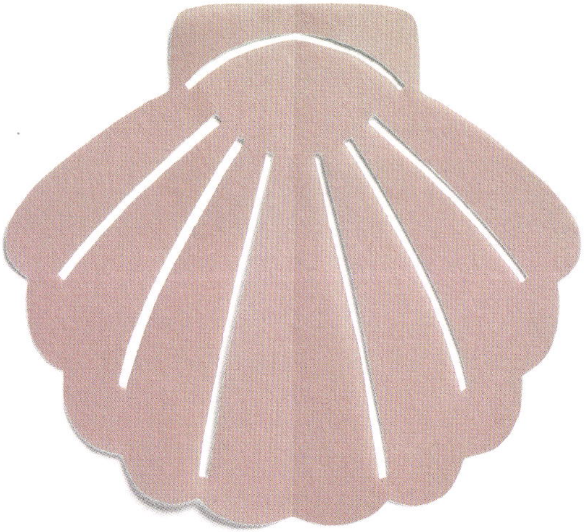

ほたて

ポイントは、レースのようなりんかくと、
貝殻の凹凸を表す細い線。
細かい作業になりますが、
すてきな作品になるはずです。

カッター使用

★★

半分に折り、貝殻の縦線
をカッターで切る。他は、
はさみを使用

型紙は133～134ページ

潮の流れにやさしく揺れる
砂のベッドで、おいしい貝に育ちます

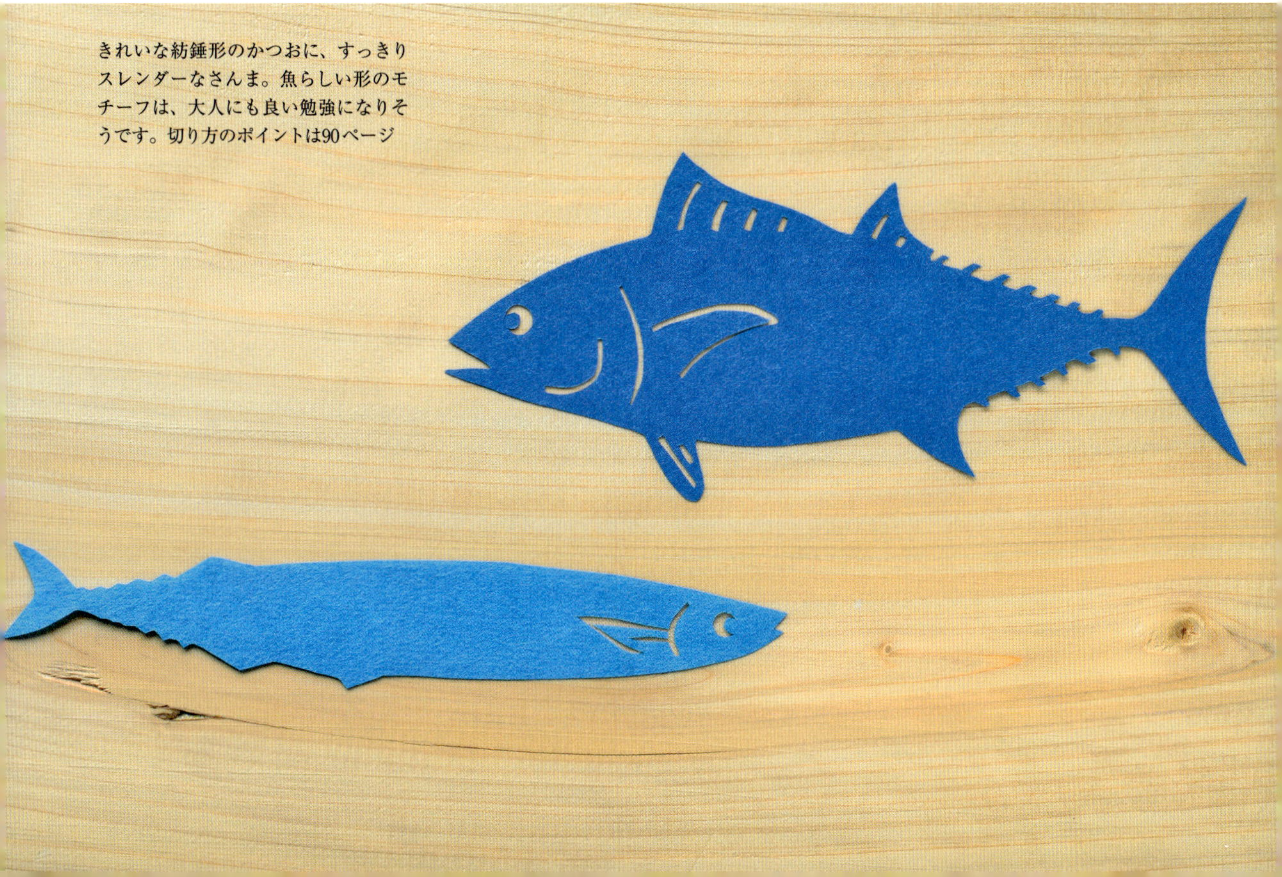

きれいな紡錘形のかつおに、すっきりスレンダーなさんま。魚らしい形のモチーフは、大人にも良い勉強になりそうです。切り方のポイントは90ページ

かつお

ひれやエラ、丸い目も、
カッターで切るので、
なかなか大変。でも、がんばれば、
大海原を泳ぐカッコイイ
かつおになりますよ！

カッター使用
★★
内側は、すべてカッターを、りんかくは、はさみを使用

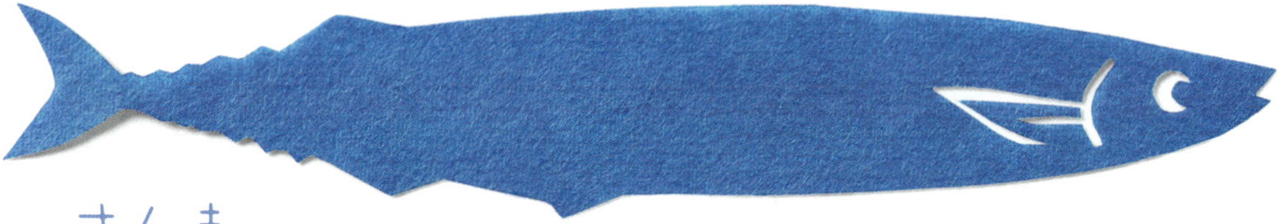

さんま

しゅーんと細長いシルエットが特徴。
かつおほどではありませんが、エラと胸びれ、
目の部分はカッターでがんばりましょう。

カッター使用
★★
内側は、すべてカッターを、りんかくは、はさみを使用

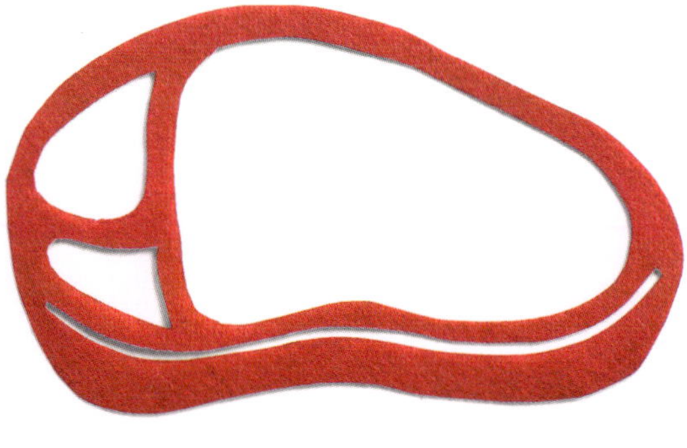

ステーキ肉

ほどよく脂の乗ったお肉を、ちょっと
ぜいたくなステーキ用の厚さで切り紙に。
細い線で脂身を表しています。

カッター使用
★★
内側は、すべてカッターを、りんかくは、はさみを使用

 型紙は134～135ページ

とっておきディナーだから、
上手に焼いてね！

Tableware & Kitchenware

食器とキッチンツール

いつもは脇役だけれど、なくてはならない食器や調理器具。炒め物ならアレ、お菓子づくりならコレと、メニューを思い浮かべながら切ってみるのも楽しそうです。

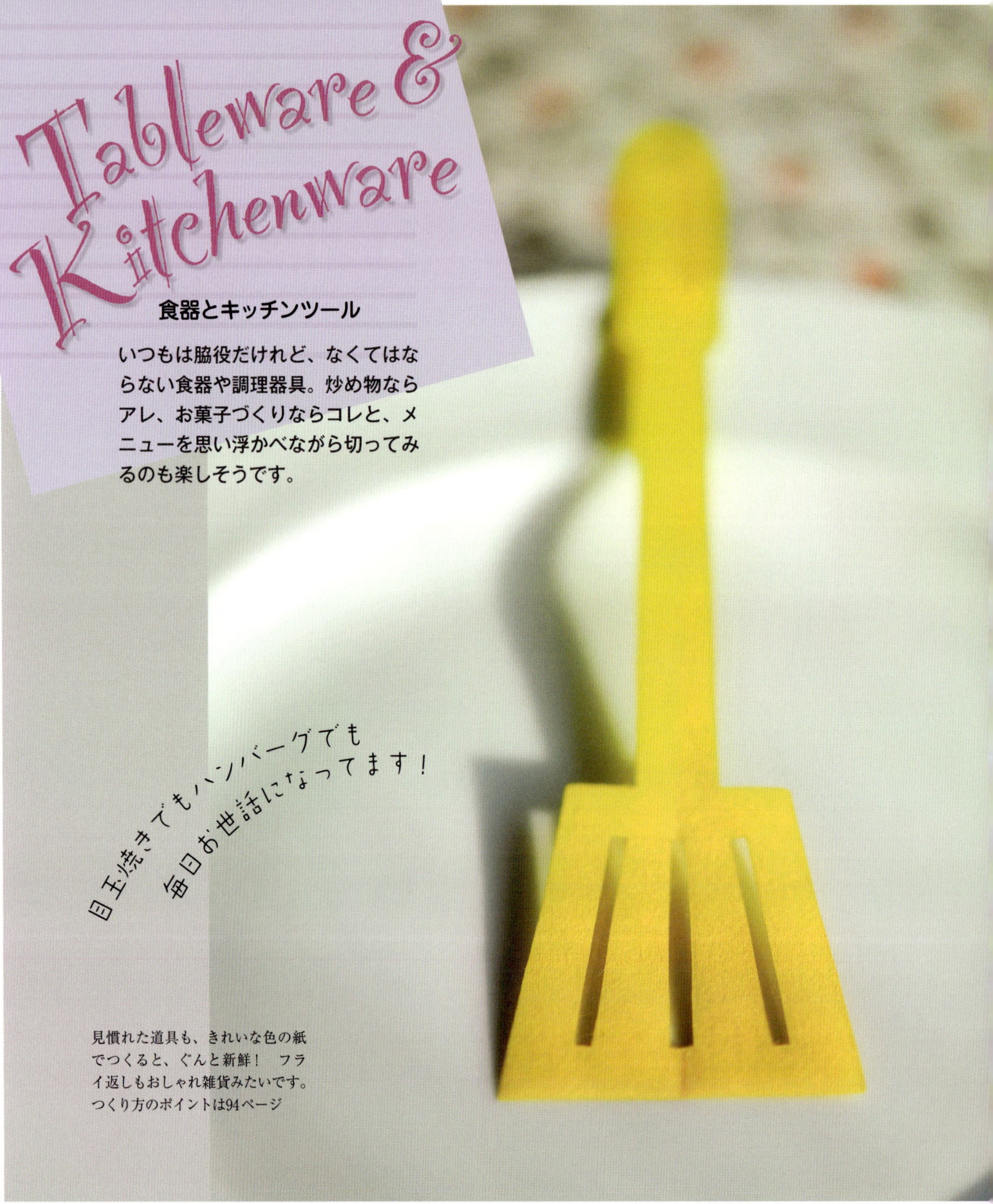

目玉焼きでもハンバーグでも
毎日お世話になってます！

見慣れた道具も、きれいな色の紙でつくると、ぐんと新鮮！　フライ返しもおしゃれ雑貨みたいです。

つくり方のポイントは94ページ

包丁もミキサーも、切り紙ならどんな色でも自由自在。「あったらいいな」と思う理想の道具をつくりましょう。つくり方のポイントは94～95ページ

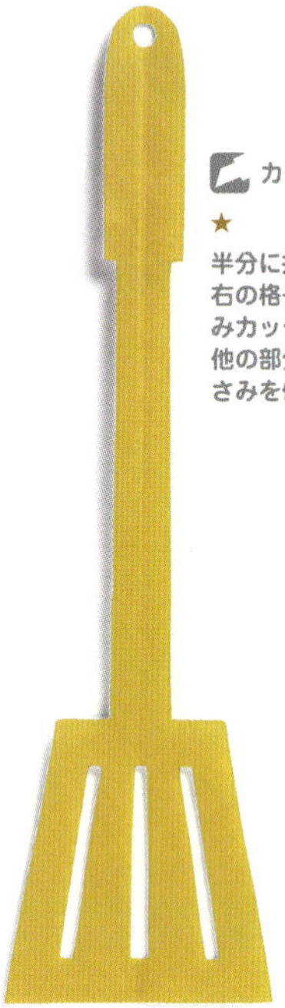

カッター使用
★
半分に折り、左右の格子部分のみカッターを、他の部分は、はさみを使用

あわだて器

こちらも、
左右のすきまに２カ所、
カッターを使います。
ゆるやかなカーブを
きれいに切れるかがポイント。

カッター使用
★★
半分に折り、左右のすきまのみカッターを、他の部分は、はさみを使用

計量カップ

目盛りの部分が少し大変ですが、
これがなくては
計量カップになりません。
横の線を先に切り、
後で縦のラインを切るのがコツです。

カッター使用
★★
内側は、カッターを、他の部分は、はさみを使用

フライ返し

長い柄の部分を
まっすぐに切れるかな？
格子になった穴は、
左右だけカッターで切り抜きます。

冷蔵庫

冷凍室も野菜室もちゃんと備えた冷蔵庫。
左右の取っ手だけはカッターを使います。

カッター使用
★
内側は、カッターを、他の部分は、はさみを使用

★
半分に折り、はさみで切る

はかり

半分折りでかんたんにできる、
昔ながらのアナログなはかりです。
針の先だけ細いので、
ちぎれないよう気をつけて。

★
半分に折り、
はさみで切る

まな板

この本の中でいちばんかんたん！
でも、お料理に欠かせない大切な道具です。

カッター使用
★★
内側は、すべてカッターを、りんかくは、はさみを使用

ミキサー

丸みのあるレトロなデザインが
かわいいミキサー。
折らずにそのまま、カッターで切ります。

包丁

刃と取っ手のカーブが、
使いやすそうな包丁のポイント。
毎日活躍する万能包丁です。

カッター使用
★
内側は、すべてカッターを、
りんかくは、はさみを使用

フライパン

取っ手の穴だけがんばれば、
ほとんど包丁と同じ要領で
切ることができます。

カッター使用
★
内側は、すべてカッターを、
りんかくは、はさみを使用

型紙は135～136ページ

マグカップ

たっぷり入るマグを、家族の分だけつくってみては？　折って切ると取っ手が２つできるので、後で片方を切り落とします。

カッター使用

★

半分に折り、取っ手の内側はカッターで切り抜き、他の部分は、はさみを使用。開いてから片方の取っ手を切り落とす

コーヒーサーバー

香りの良いコーヒーは、子供たちが憧れる大人の飲み物のひとつ。シックな茶色でガラスのサーバーにチャレンジしましょう。

カッター使用

★★

内側は、すべてカッターを、りんかくは、はさみを使用

型紙は137ページ

きゅうす

毎日どころか毎食後にも、
お世話になるきゅうす。
湯のみ茶碗とお揃いで切ってみましょう。

カッター使用

★
取っ手の内側とふたの
ラインは、カッターを、
りんかくは、はさみを
使用

★
半分に折り、
はさみで切る

湯のみ

お寿司やさんの「あがり」みたいな、
デコボコのある形がポイント。
緑茶のグリーンが似合います。

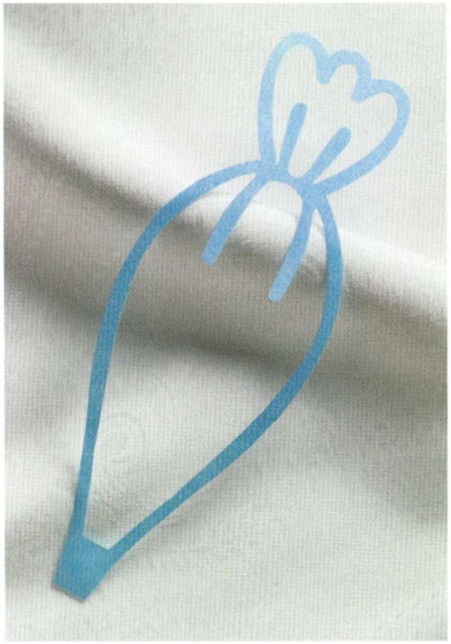

★
半分に折り、
はさみで切る

しぼり袋

手づくりケーキの
デコレーションに欠かせない、
クリームのしぼり袋。
繊細な形ですが、
はさみだけでつくれます。

★
半分に折り、
はさみで切る

なべ

煮物にシチューに出番の多い両手鍋も、
はさみでラクラク。
使いやすそうな持ち手が自慢です。

★
ナイフはそのまま切る。スプーン、フォークは、半分に折り、はさみで切る

カトラリー

カトラリーは食卓で使うフォークやスプーン、
ナイフのこと。食べ物切り紙にそえると、
ぐんとおいしそうに見えますよ。

 型紙は136～138ページ

コトコトグツグツ、
この匂いはシチューかな？

Breakfast

朝ごはん

朝食やお弁当の定番は、おいしさも形もシンプル。それでいて一目でわかる、特徴的なモチーフばかりです。まずは基本の主食から、お好みの朝メニューを切ってみましょう。

半分折りでつくることができる作品が多いので、はじめての人や子供さんにもおすすめです。切り方のポイントは102～103ページ

お寝坊さんも、早起きクンも、朝はハラペコ！だから、
白いごはんに食パン、お弁当も並べました

ごはん

白いごはんは基本中のキホン。
切り方もベーシックですが、
カッターでお茶碗に
かわいい模様を付けました。

カッター使用

★

半分に折り、茶碗の模様のみカッターを、他は、はさみを使用

食パン

★

半分に折り、
はさみで切る

こちらは山型に盛り上がった
イギリスパン。味と同様、
つくり方もとってもシンプルです。

★

半分に折り、
はさみで切る

はし

お弁当にも忘れちゃいけない、
マイおはし。
折って切るので一度に一膳、
ラククラク完成です。

おにぎり

朝も昼も夜食にも、
オールマイティーなおにぎりは、
やっぱり三角形が基本です。

★

半分に折り、
はさみで切る

サンドイッチ

お昼のお弁当にも定番。
具を表す曲線は、両側を切り過ぎなければ、
少しずれても大丈夫です。

カッター使用

★★

内側は、カッターを、
りんかくは、はさみ
を使用

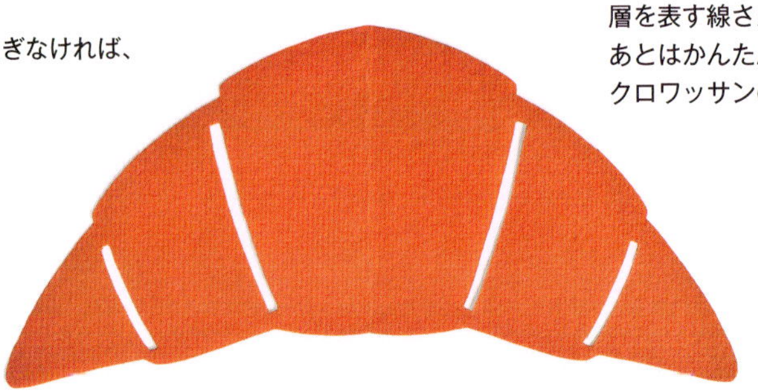

クロワッサン

層を表す線さえ切れれば、
あとはかんたん。三日月型の
クロワッサンのできあがりです。

カッター使用

★★

内側は、カッターを、
りんかくは、はさみを使用

型紙は138～140ページ

カッター使用

★

内側は、カッターを、
りんかくは、はさみ
を使用

チーズ

大きな穴はおいしさの証し。内側の穴は、
カッティングボードごと紙をまわしながら、
きれいな丸に切りましょう。

ソーセージ

フライパンでソーセージを焼く匂いが、
食いしん坊の目覚まし。切れ目を入れて、
おいしそうに仕上げましょう。

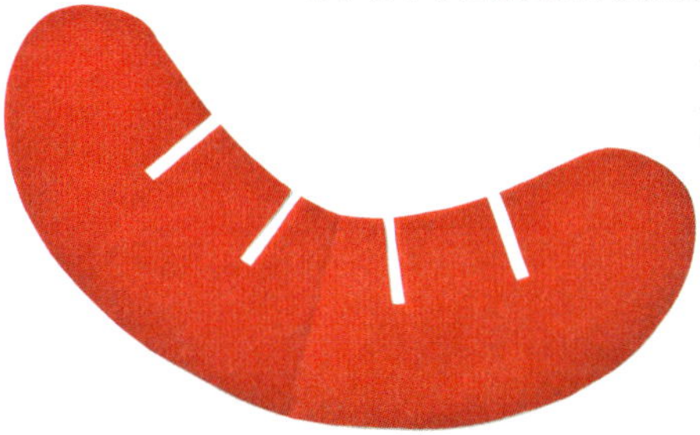

★

半分に折り、
はさみで切る

たまご

そのままだとさびしいので、
割りかけのギザギザで
アクセントを加えました。

★

半分に折り、
はさみで切る

牛乳

1リットルパック入りの牛乳。
カッターで切る細い線が
たくさんありますが、
直線なので、慎重に切れば、
それほど難しくありません。

カッター使用

★★

内側は、カッターを、
りんかくは、はさみ
を使用

カッター使用

★

フタの線左右の２本
は、カッターを、他
は、はさみを使用

マヨネーズ

サラダはもちろん、ゆで玉子とも黄金コンビ。
りんかくの線はできるだけ
同じ太さになるよう切るのがポイントです。

Japanese Sweets

和菓子

昔ながらの日本のお菓子にも、かわいい形やきれいな色がたくさん。おじいちゃん、おばあちゃんにはなつかしいもの、今もみんなが大好きなもの。楽しくおしゃべりしながらつくると、きっと上手にできそうです。

夏はひんやり、冬はほかほか。季節感も、おいしさのうち

あんこたっぷりのどらやきと、よもぎ入りのくしだんご。和紙折り紙のやさしい色がぴったりです。つくり方のポイントは108ページ

切りたてのお団子を、
おひとつどうぞ

カラフルなしま模様が入ったむかしの飴は、手まり飴とも呼ばれているんだとか。小さな星みたいなコンペイトウもなつかしい日本のおやつです。つくり方のポイントは108ページ

★
半分に折り、
はさみで切る

どらやき

今にもあんこがはみ出しそうな、
ふっくらとした形を、
はさみだけで切ることができます。
ぜひ、こんがりきれいなキツネ色の紙で。

くしだんご

まん中に白いおだんごをはさんだ、
三兄弟のくしだんご。
きれいな丸に切るコツは、
はさみではなく、
紙をまわしながら切ることです。

★
半分に折り、
はさみで切る

手まり飴

鞠のようなしま模様は、カッターで。
ただし赤の中央のしまは、はさみでOK。
青の方が少しだけハイレベルです。

カッター使用

★★
半分に折り、しま模様
をカッターで。りんか
くは、はさみを使用

コンペイトウ

小さなツノがたくさんはえた
りんかくも、内側も、
細かい作業になるのでちょっと大変。
かわいい星になるよう、がんばって！

カッター使用

★★
内側は、カッターを、りんか
くは、はさみを使用

かき氷

シロップのとろりとした様子や器のふちなど、
繊細なカーブですが、ほとんどはさみで
つくれます。器の線だけはカッターで。

カッター使用
★★
半分に折り、器の縦線は
カッターで切る。他の部
分は、はさみを使用

たいやき

ヒレもうろこも顔も、
カッターで切る部分がかなり多いので、
初めての人にはかなり大変。
でも、仕上がりはとってもおいしそう！

カッター使用
★★★
内側は、カッターを、
りんかくは、はさみ
を使用

かしわもち

葉脈は、はさみを入れ直しながら、慎重に。
かしわの葉の波打つ形も、
紙を動かしながらていねいに切りましょう。

カッター使用
★★
もち部分の内側は、カッターを、
他の部分は、はさみを使用

型紙は140〜141ページ

クリーム入りが好き？　やっぱりあんこじゃなくちゃ！　焼きたてそっくりの切り紙に、おしゃべりがはずみそう。つくり方のポイントは109ページ

五月のお節句に、
子供たちの元気を願って

かしわの葉の形と、もっちりとしたおもちのラインがポイントです。
つくり方のポイントは109ページ

ひんやり涼しげ、夏氷

ふんわりサクサクの氷をちょっとレトロなガラス器に盛って。緑の紙で、宇治金時もいいですね。
つくり方のポイントは109ページ

Festival

おまつり

おまつりや催し物の屋台で買う食べ物は、なぜか特別なおいしさ。子供も大人もワクワクする、非日常のスパイスがかかっているからかもしれません。

★★
半分に折り、はさみで切る。
切れ目部分は、開いてから
一方のみ切る

焼きソーセージ

ソーセージの切れ目は、
りんかくを半分折りで切り、
開いてから、片方だけ入れましょう。

カッター使用
★★
ヒレの線は、カッタを、
他は、はさみを使用

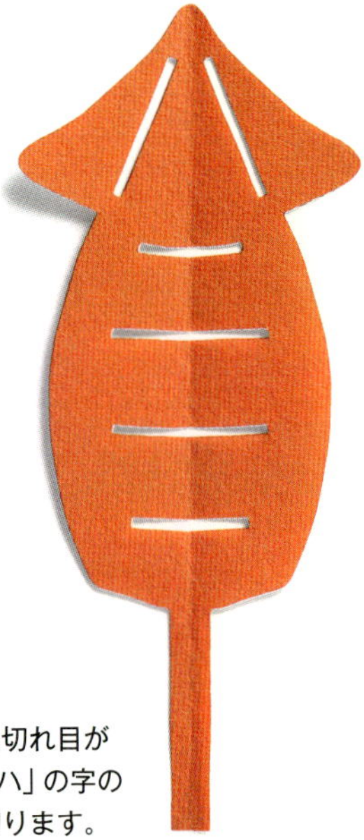

いか焼き

よく焼けるように入った切れ目が
ポイント。ヒレ部分の「ハ」の字の
穴だけは、カッターで切ります。

地球びん

駄菓子屋さんでおなじみの丸いガラスの
お菓子入れ。難しそうに見えますが、
すべてはさみで切ることができます。

★
半分に折り、
はさみで切る

★
半分に折り、
はさみで切る

わたあめ

ぐるぐるまわる機械から
モクモク出てくる不思議な飴には、
大人も心ひかれます。はさみを入れ直しながら、
ていねいに切りましょう。

カッター使用

★★
うずまき部分は、カッターを、りんかくは、はさみを使用

うずまきキャンディ

普段はなかなか買ってもらえない大きな
キャンディ。うずまき部分は、
カッティングボードごと紙をまわして
切るのをお忘れなく。

型紙は142～143ページ

Christmas

クリスマス

ここまでご紹介したモチーフだけでも、たっぷりのごちそうになりそうですが、クリスマスのために切るなら、こちら。焼きたてクグロフとまるごとチキン、どちらも伝統のクリスマス・メニューです。

カッター使用

★★★

内側は、すべてカッターを、りんかくは、はさみを使用

クグロフ

オーストリアでは、
これがないとクリスマスにならないのだとか。
りんかく以外、すべてカッターなので大変ですが、
できばえの美しさは特別です。

カッター使用

★★

内側は、すべてカッターを、りんかくは、はさみを使用

ローストチキン

クリスマスのごちそうといえば、これ。
たっぷり詰め物の入った感じを、3つの
細いラインで表しています。

 型紙は143ページ

お酒の香りのレーズンを入れて、仕上げには粉砂糖の雪をふんわり。
いつか本物を焼く日のために、
今年は、まず切り紙でクリスマス・クグロフ！

大切な人たちの笑顔に会える１日だから、
プレゼントやディナーの準備も大きな楽しみ。
切り紙づくりにも自然と力が入ります。
とっておきのごちそう切り紙、サンタさんにも見てほしいな

クリスマスのためにつくった切り紙は、テーブルに飾っても、プレゼントにそえても、楽しい話題をふりまいてくれそうです。左はドライマティーニ：つくり方のポイントは61ページ、中央のローストチキンとクグロフ：つくり方のポイントは114ページ、右はショートケーキ：つくり方のポイントは50ページ

コピー／トレースして使える

かわいい食べ物型紙集

■原寸大のものはそのままトレースして使うこともできます。拡大率のマークがあるものは、拡大コピーすれば、本書の作品と同じ大きさになります。

■半分に折って切る図案は、中心線を点線で示しています。四つ折り、八つ折りで切るものも、点線を紙の折り山に合わせて写しとってください。

■色の濃い部分は、先に切り抜く部分を示しています。

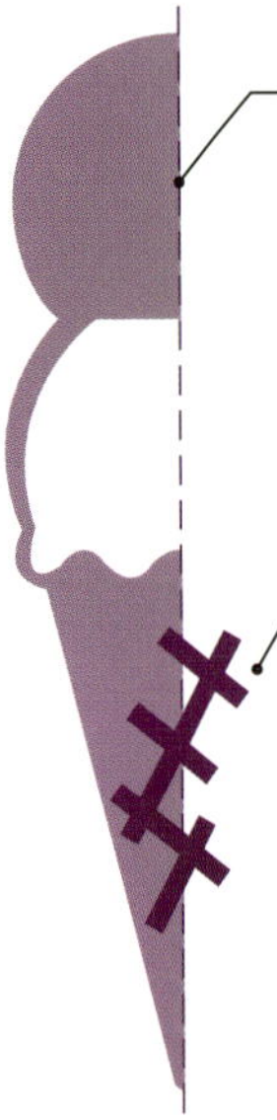

点線
中心線。8ページの説明のように、写す時にこの点線にそって赤いボールペンで線を引き、折り山に合わせます。

濃い部分
濃い色の部分は、折って切る前にカッターで切り抜く部分です。10ページも参考にしてください。

拡大率マーク

この拡大率でコピーすれば、本書の作品と同じ大きさの型紙ができます。

原寸 原寸大で使用

125% 125％に拡大コピーして使用

150% 150％に拡大コピーして使用

200% 200％に拡大コピーして使用

いちご

原寸

さくらんぼ

原寸

オレンジと
グレープフルーツ

原寸

パイナップル

150%

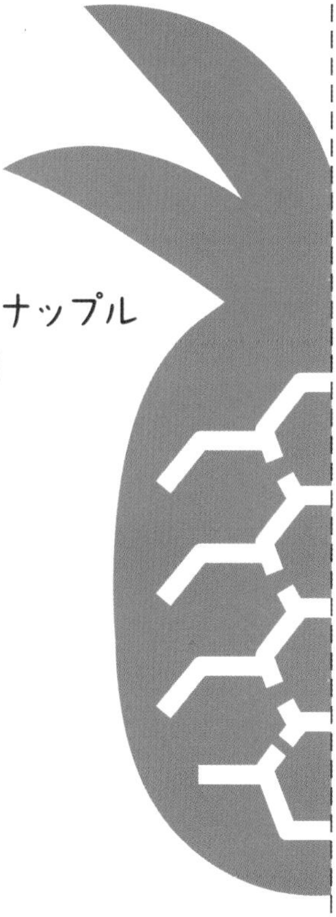

バナナ

150%

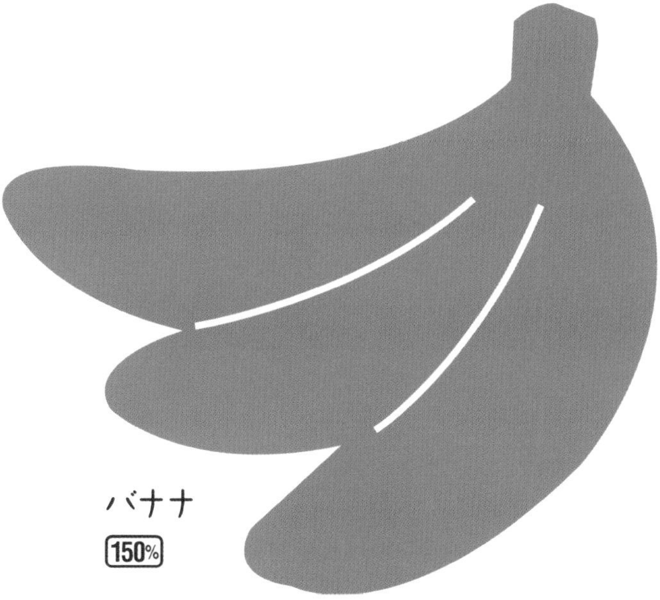

メロン
150%

もも
原寸

びわ
原寸

すいか
原寸

すいか
150%

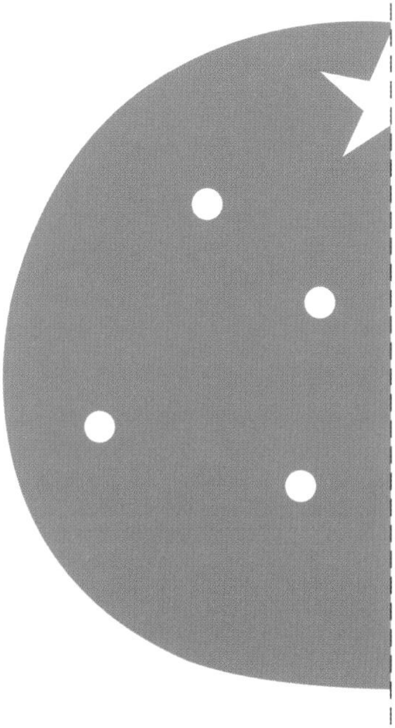

みかん
原寸

レモン
原寸

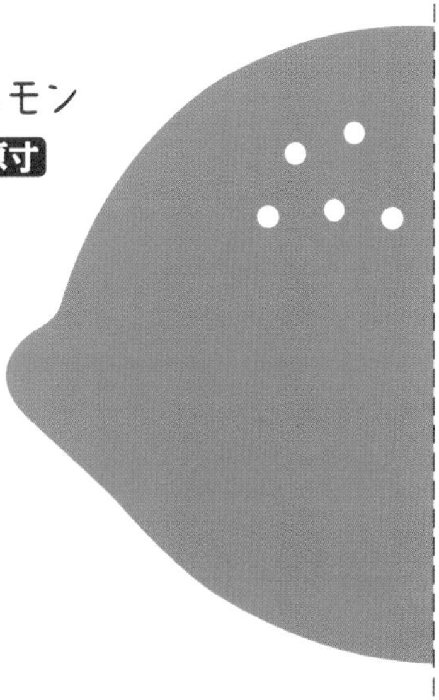

洋なし
原寸

レモン
原寸

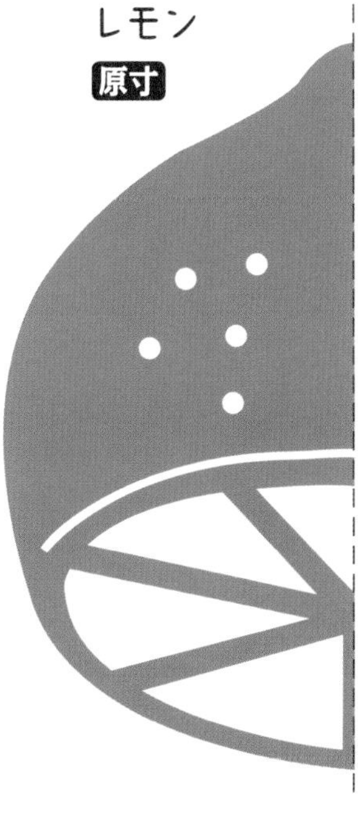

ぶどう
原寸

りんご

150%

くり

原寸

プレッツェル

150%

うずまきクッキー

原寸

ロールケーキ

150%

チェッカークッキー

原寸

ドーナッツ

原寸

ドーナッツ

150%

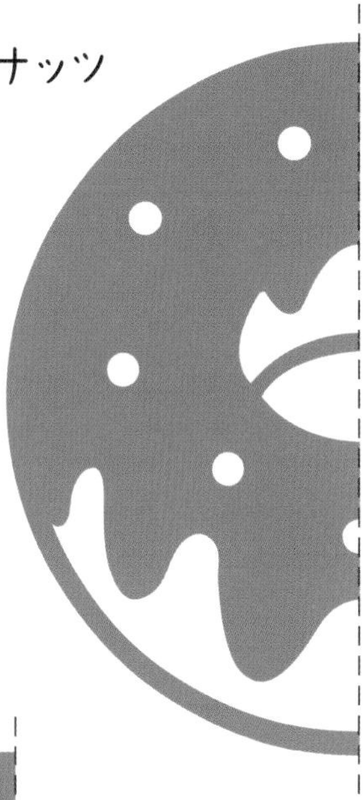

ビスケット

原寸

キャンディ

原寸

チョコレート

150%

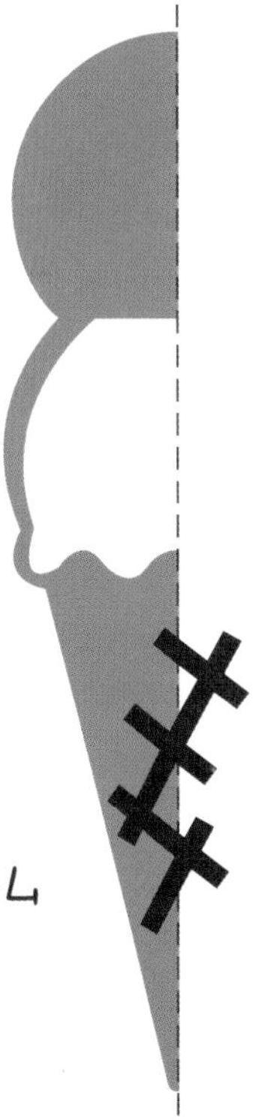

アイスクリーム

150%

プリン

原寸

クリームパフェ

150%

ソフトクリーム

150%

チーズケーキ

150%

カップケーキ

150%

ホットケーキ

150%

ショートケーキ

150%

デコレーションケーキ

原寸

フライドポテト

150%

ハンバーガー

原寸

ボトル
ウォーター

150%

ドリンク

150%

肉まん

150%

チキンフライ
原寸

えび天
原寸

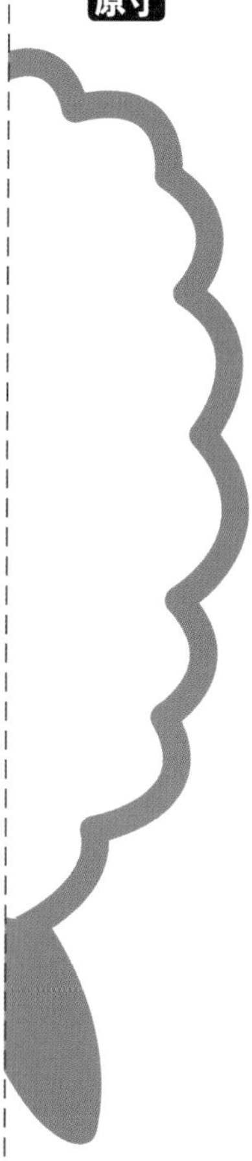

ラムネ
原寸

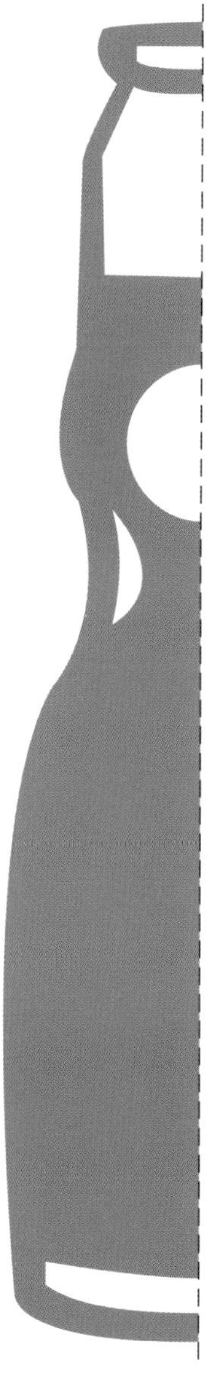

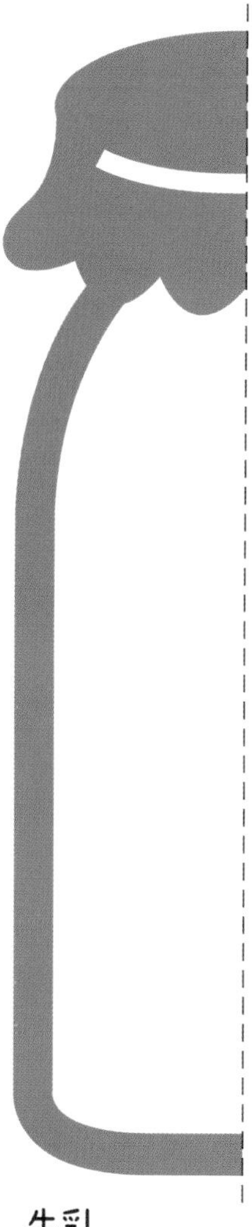

牛乳
原寸

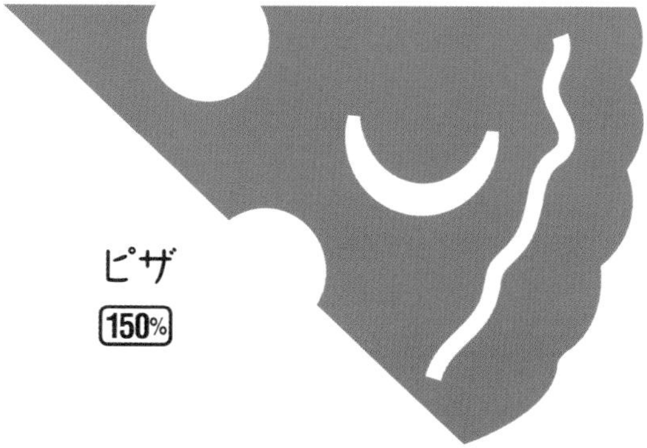

ピザ
150%

ジョッキビール

125%

ドライ
マティーニ

150%

びんビール

原寸

ジュース

150%

キャベツ

125%

大根

125%

白菜

125%

ほうれんそう

125%

しそ

125%

たけのこ

150%

しいたけ

原寸

かぶ

原寸

たまねぎ

原寸

とうもろこし

原寸

かぼちゃ

125%

さやいんげん

原寸

オクラ

原寸

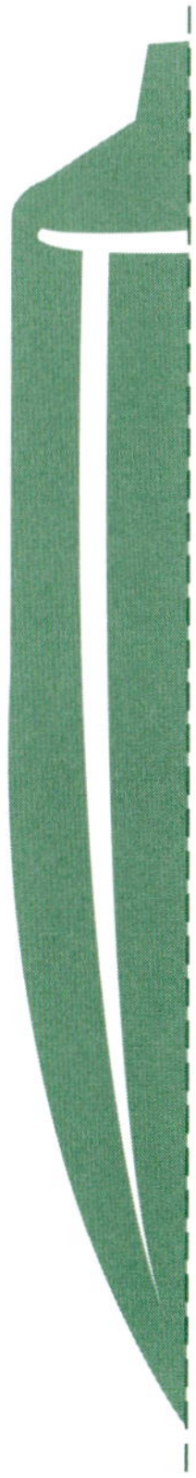

なす

125%

アスパラガス

原寸

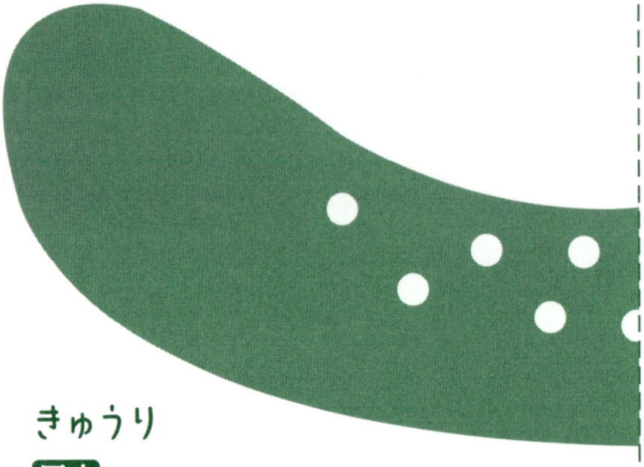

きゅうり

原寸

ブロッコリー

125%

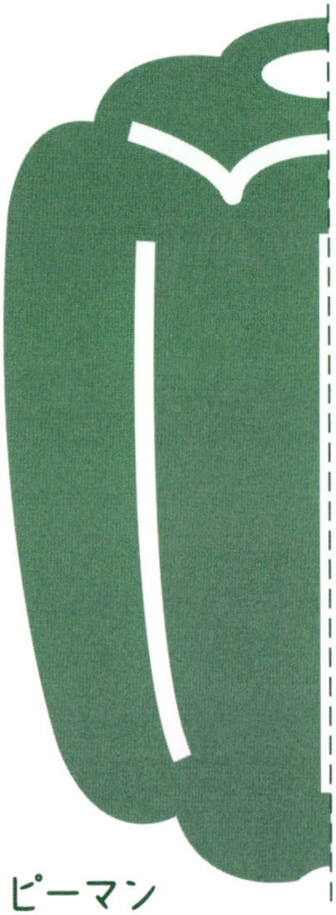

ピーマン

原寸

トマト

原寸

ひらめ

150%

いか

150%

タラバガニ

150%

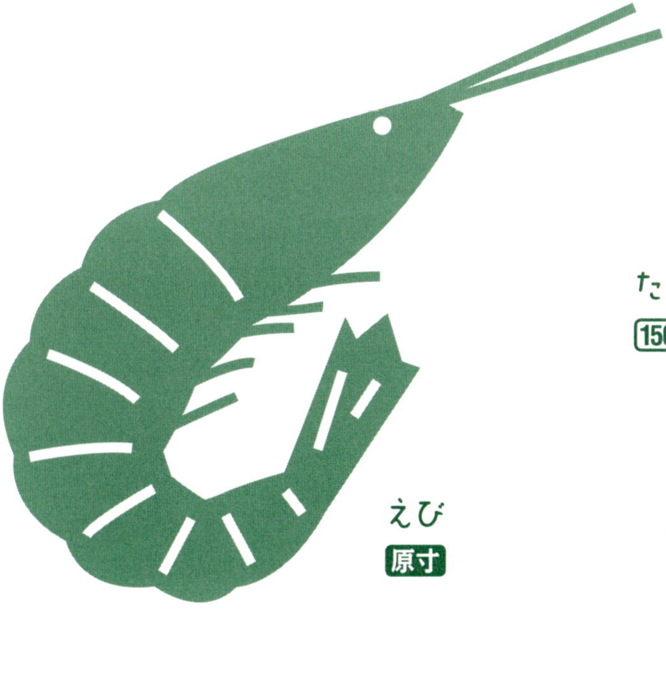

えび

原寸

たこ

150%

ふぐ

150%

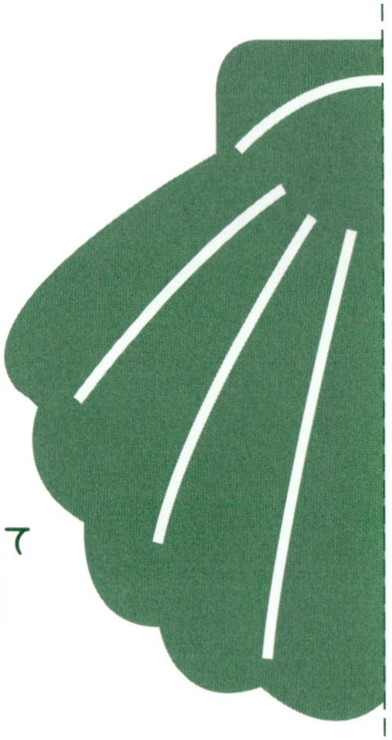

ほたて

150%

かつお

原寸

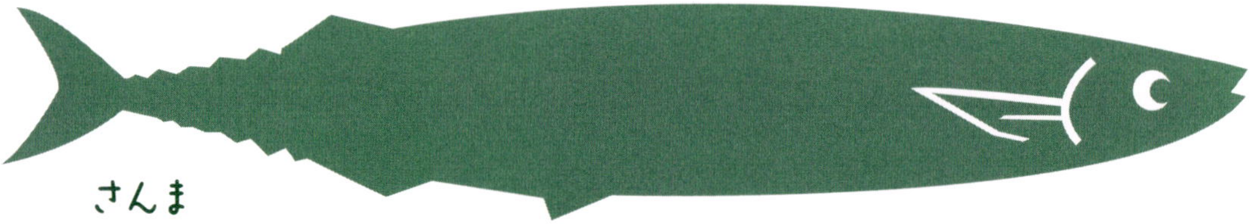

さんま

原寸

計量カップ

150%

フライ返し

原寸

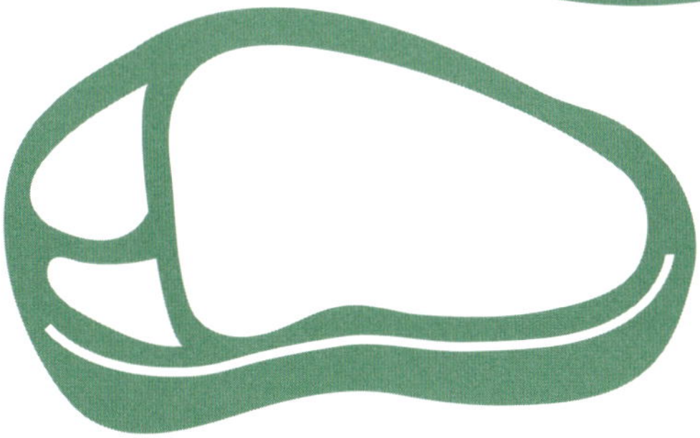

ステーキ肉

125%

はかり

150%

包丁

125%

あわだて器

原寸

ミキサー

150%

冷蔵庫

125%

まな板

150%

フライパン

125%

なべ

150%

コーヒーサーバー
200%

マグカップ
150%

きゅうす
200%

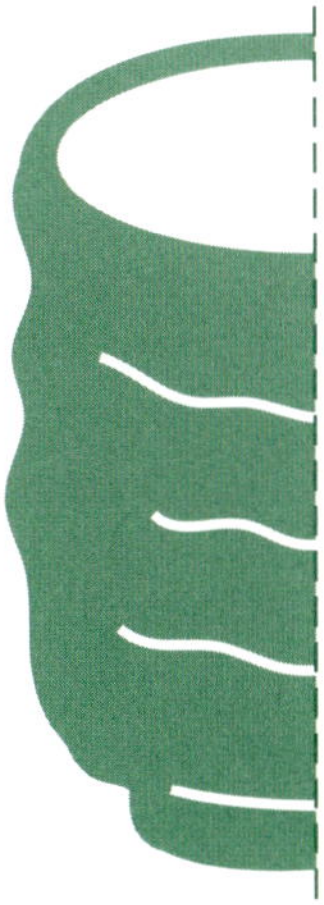

湯のみ
150%

カトラリー
原寸

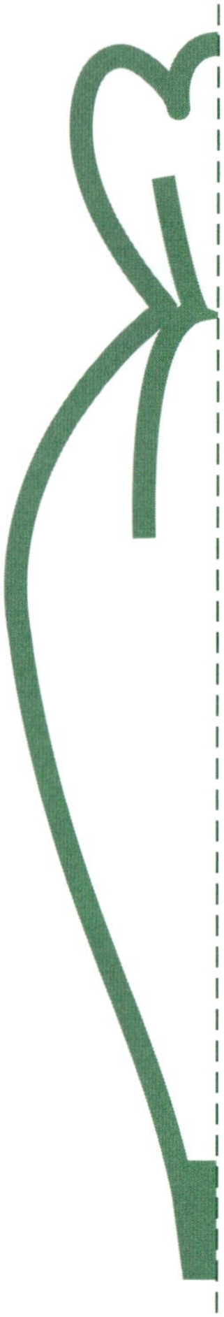

しぼり袋

125%

ごはん

125%

チーズ

125%

食パン

150%

おにぎり

125%

はし

原寸

サンドイッチ
150%

クロワッサン
150%

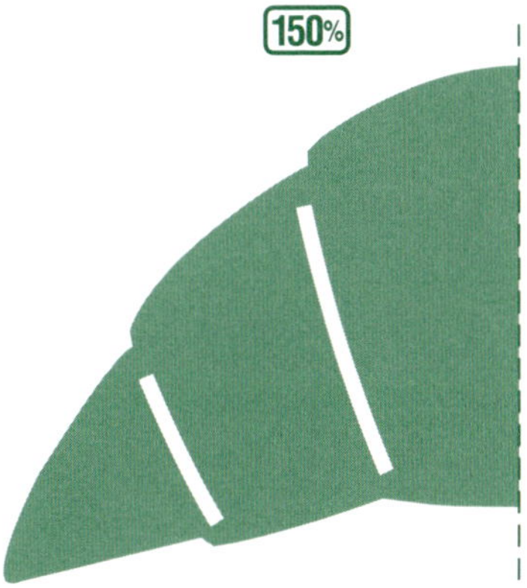

たまご
原寸

牛乳
150%

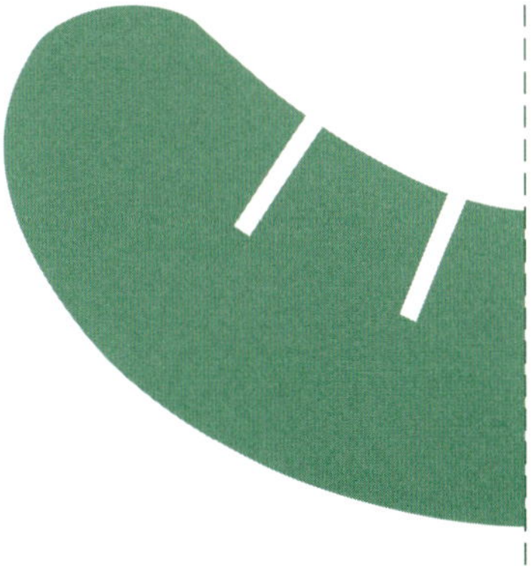

ソーセージ
150%

マヨネーズ

150%

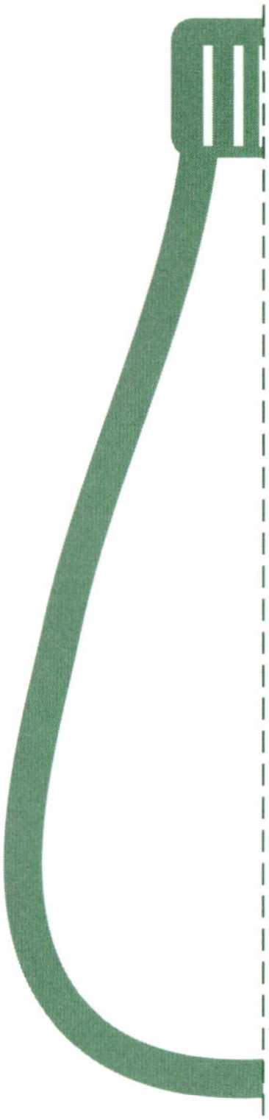

どらやき

原寸

くしだんご

原寸

手まり飴

原寸

コンペイトウ

原寸

かしわもち
150%

かき氷
150%

たいやき
原寸

焼きソーセージ
原寸

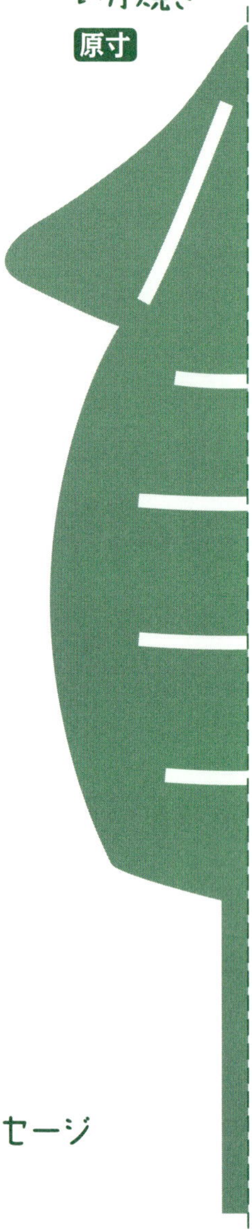

いか焼き
原寸

わたあめ
原寸

うずまきキャンディ
150%

地球びん

150%

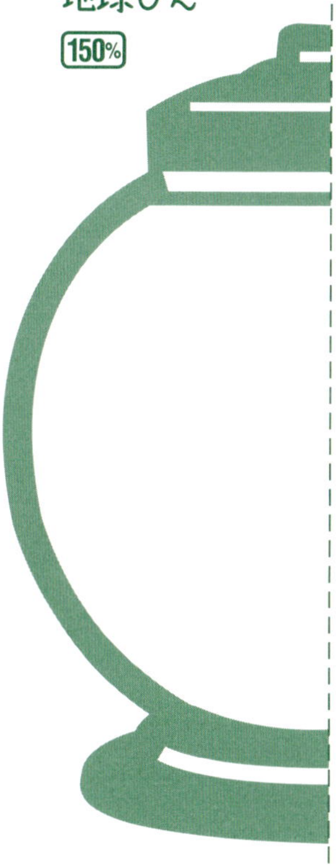

クグロフ

125%

ローストチキン

原寸

イワミ＊カイ
イラストレーター、ハンドクラフト作家。著書に『かんたん、ふしぎ。切り紙ブック』（日本文芸社）、『モビールの教科書』『動物モビールのつくり方』『かわいい切り紙絵本』（誠文堂新光社）、『四季の切り紙レッスン』（廣済堂出版）、『意外にかんたん！かわいい切り紙』（サンリオ）、『和のかわいい切り紙』『切り紙で楽しむ　世界のモチーフ』（ブティック社）など多数。紅茶缶のデザインや神楽坂みやげのぽちぶくろなど、雑貨の分野でも活躍中。　http://www.geocities.jp/kaiiwami/

撮影　武井哲史
装丁・デザイン　大木美和　中村竜太郎
西島あすか　前田眞吉（柴永事務所）
編集　山喜多佐知子（ミロプレス）

野菜《やさい》、お菓子《かし》からフライパンまで、かわいい食《た》べ物《もの》モチーフを収録《しゅうろく》！
切《き》り紙《がみ》で作《つく》る かわいい食《た》べ物《もの》　NDC754.9

2012年11月30日　発行

著　者　イワミ＊カイ
発行者　小川雄一
発行所　株式会社 誠文堂新光社
〒113-0033　東京都文京区本郷3-3-11
（編集）電話 03-5805-7285
（販売）電話 03-5800-5780
http://www.seibundo-shinkosha.net/
印刷・製本　図書印刷株式会社

ISBN978-4-416-31233-9